JN040020

運動能力が10秒でもっと上がる

［ビジュアル版］

サボリ筋トレーニング

笹川大瑛

KADOKAWA

はじめに

「もっと速く」「もっと強く」「もっと高く」「もっとハイレベルに」と願う皆さんの中には、すでに筋トレに励んでいる人は少なくないでしょう。それでも、「なぜか思うように結果が現れない」「なかなかパフォーマンスが上がらない」と感じている方は非常に多いと思います。

本書は、そんな「頑張っているのに結果が出ない」を打ち破るための一冊です。

私はこれまでに、学生からプロにいたるまで、数多くのアスリートたちのコンディショニング・パフォーマンスアップ・リハビリに携わってきました。

もともとは、理学療法士として大阪・東京の病院に勤務した後、日本大学大学院で運動学・トレーニングを専攻し、全国の医療従事者への技術指導を行うとともに、トップレベルのアスリートのトレーナーとしても活動してきました。

こうした経緯の中で研究と実践を積み重ね、「運動科学的に正しいトレーニング」のメソッドを考案し、「サボリ筋トレーニング」として確立させた次第です。

体のどこかに「サボリ筋」＝「本来の機能をじゅうぶんに果たせていない筋肉」があると、そのそばにある関節の周りでは筋力のバランスが崩れ、関節が大きく動いていく過程で「これ以上大きく動くと関節が外れてしまう」という限界点がすぐにやってきます。

その結果、運動・スポーツの「ここぞ！」という場面で、ケガをしないように、体は無意識のうちに力をセーブしようとします。

こうして動きに制限・リミットがかかってしまうと、当然ながら、本来の力をフルに発揮できず、あらゆる運動能力やパフォーマンスが停滞・低下してしまいます。

ですから、ピンポイントで「サボリ筋」を鍛えて、サボリ筋がサボらない状態、つまりきちんと機能する状態にしておくことが重要となります。

関節周囲の筋肉がリラックスした状態でじゅうぶんに働くことができ、〝ケガの注意信号（＝リミッター）〟が発せられなければ、**動きの制限・リミットを自ら突破でき、正確かつ最大限のパワーをいつでも発揮できるようになるからです。**

これまで以上に速く強い動きを安定して繰り出せるようになるだけでなく、ケガをしづらい体の状態になることは、言うまでもないでしょう。

そんな、運動やスポーツでの飛躍的な能力向上・パフォーマンスアップのために、「サボリ筋トレーニング」はきわめて有効で画期的なメソッドです。しかも、1つのトレーニングにかかる時間はたったの10秒。

いつでも、どこでも、誰でも簡単に行えるよう、10年以上の月日をかけて考案しました。こんなに短時間のトレーニングでも、さまざまな運動能力やパフォーマンスの向上に役立つ筋肉（サボリ筋）に効率的なアプローチをかけられるものばかりです。

普段の練習に取り入れるだけでなく、試合や記録会などの「ここぞ！」というときに行って、自分の体が限界を超えるパフォーマンスをする快感を味わってください。

もちろん、運動やスポーツの上達に技術・スキルの要素が含まれていることは、私もじゅうぶん承知しています。

ただ、いくら練習しても、技術・スキルのトレーニングを積んでも、結果やパフォーマンスがついてこないという場合は、「技術・スキルの問題」ではなく、「体の問題」である可能性がかなり高いはずです。

そうしたケースでも、「サボリ筋トレーニング」を行えば、「身につけたい技術」「繰り出したいスキル」を実現できる体の状態を作り出せるということです。

なお、本書で「ビジュアル版」と銘打っているのは、多くの読者の方々からご好評をいただいている拙著『運動能力が10秒で上がるサボリ筋トレーニング』（ＫＡＤＯＫＡＷＡ）のポイントを、豊富な写真を用いて説明しているからです。

前著では「サボリ筋トレーニング」の理論を余すところなくお伝えしましたが、本書ではトレーニングの実践法などの写真をより大きく使い、視覚的にわかるよう工夫しました。

さらに、サボリ筋トレーニングを行った前後の体の動き・プレーの変化を「ＢＥＦＯＲＥ／ＡＦＴＥＲ」の写真などでご説明しています。

ですから、より直感的に「サボリ筋トレーニング」の理論と効果をわかりやすく感じ取っていただけると思います。

それでは、いざページをめくり、人生最高のパフォーマンスレベルへの第一歩を踏み出していきましょう！

笹川大瑛

２０２３年8月

CONTENTS

跳力

蹴力

投力

振力

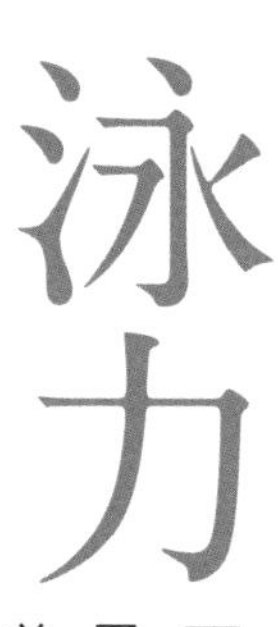

第3章

もっと効く！ セルフチェック＆サーキットトレーニング

ブックデザイン　轡田昭彦＋坪井朋子
撮影　山上 忠
モデル　渡邉 伶（セントラルジャパン）
ヘアメイク　平塚美由紀
イラスト　中村知史
構成　松尾佳昌
校正　東 貞夫
編集　河村伸治（KADOKAWA）
編集協力　泊 久代

第１章

人生最高のパフォーマンスを手に入れる!

「サボリ筋トレーニング」

運動能力向上の相乗効果が現れるトレーニング

私たちが運動やスポーツをするとき、関節と筋肉は常に連携しながら機能しています。関節の前後や内側・外側をまたぐようについている筋肉が、「素早く動きたいとき」は筋肉が強く収縮して関節を動かし、「グッと踏ん張りたいとき」は関節を締めて安定させているというわけです。

しかし、関節を支えている筋肉のすべてが、きちんと働いているわけではありません。日常動作や姿勢の癖、加齢などの影響で、脳からの「働け」という指令通りに働けなかったり、筋力そのものが落ちていたりする筋肉があります。

それこそが、サボっている筋肉＝「サボリ筋」です。

そのサボリ筋を簡単・ダイレクトに鍛える方法がないかと、運動科学の視点から研究と実践を重ね、10年以上の月日をかけて生み出したメソッドが、「サボリ筋トレーニング」です。

サボリ筋トレーニングを行えば、関節を支えている＝運動能力向上に直結する重要な筋肉を、きわめて効率的にパワーアップさせることができます。

その理由は、先ほどお話ししたサボリ筋が本来果たすべき「関節を素早く動かす力」「関節を安定させる力」がともに向上するからです。

しかし、サボリ筋トレーニングに秘められた効果は、それだけではありません。

実は、運動・スポーツをするための筋力の強弱は、筋肉の太さや量だけで決まるわけではありません。脳からの指令の頻度や、その指令の再現性なども多大に影響しています。

ですから、これまでサボっていて弱くなっている筋肉＝サボリ筋にピンポイントでアプローチすることにより、**生理学的な原理としては10秒のトレーニングをしたその場で、運動やスポーツにかかわる筋力が上がっていることになるのです。**

さらに、サボリ筋トレーニングを行うと、サボリ筋によって生じていた「関節周りの筋力のアンバランス」まで解消されます。

もちろん、サボリ筋トレーニングを続けることで、ターゲットにしているサボリ筋の太さや量が増えるので、当然、さらなるパフォーマンスアップにつながります。

こうしたさまざまな効果が相乗的に作用し、脳・関節・筋肉の３方向から運動能力にアプローチするメソッドなので、**体の中の〝眠った力〟が覚醒し、パフォーマンスが人生最高レベルにまで飛躍的に向上するのです。**

大幅なパフォーマンスアップを実現する理由とは？

運動能力アップのカギになる関節周りに「サボリ筋」があると、そのサボリ筋が本来果たすべき役割を「そばにある複数の筋肉」が頑張ってフォローします。

そうした筋肉を、私は「ガンバリ筋」と呼んでいます。

そして、そのガンバリ筋は、酷使されることで緊張して硬くなりやすく、サボリ筋とガンバリ筋の2つがまるで〝ダブルパンチ〟のように運動能力向上の妨げになってしまいます。

例えば肩甲骨（肩甲胸郭関節）周りでは、菱形筋という筋肉がサボると、その〝マイナスぶん〟を肩甲挙筋などの筋肉が頑張って補います（左図参照）。そのせいで関節周りの筋力バランスが崩れ、運動能力は上がらず、むしろケガをしやすい状態になってしまうのです。

しかし、ここで「サボリ筋トレーニング」を行えば、サボっていた筋肉を集中的に鍛えて筋力アップでき、緊張・硬化していたガンバリ筋は自動的に緩みます。関節周りの筋力のアンバランスも解消されます。そのため、**パフォーマンスに制限をかけていたリミッターがおのずと外れ、ダイナミックで強い動きを手に入れることができるのです。**

なお、体の構造はほぼすべての人で同じなので、児童・学生・成人・シニアなどの年齢も、プロ・アマなどのレベルも関係なく、こうした効果・変化を手にすることができます。

「サボリ筋」と「ガンバリ筋」の深い関係

菱形筋が「サボリ筋」になっていると…

頭板状筋・胸鎖乳突筋・肩甲挙筋などの筋肉が、菱形筋の機能を頑張ってフォローするため「ガンバリ筋」になりやすい

前鋸筋が「サボリ筋」になっていると…

斜角筋・小胸筋などの筋肉が、前鋸筋の機能を頑張ってフォローするため「ガンバリ筋」になりやすい

▼

重要な関節の周りで「筋力のアンバランス」が発生

肩甲骨の動き・機能にかかわる「サボリ筋」と「ガンバリ筋」

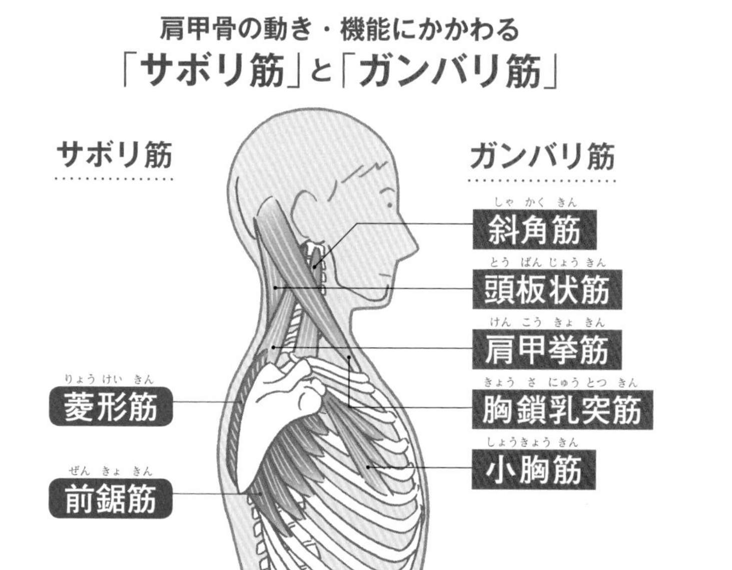

「サボリ筋トレーニング」でアンバランスを解消すると…

関節を柔軟に動かせるようになって可動域（動く範囲）が拡大！
関節をカチッと固めて、強いパワーを生み出すことも可能に！

▼

動きやプレーの幅が大きく広がり、

「大幅なパフォーマンスアップ」を実現できる体に！

6つの運動能力アップとサボリ筋トレーニングの関係

関節を支えている筋肉は決まっていて、1つの関節は2つの筋肉で支えられています。ですから、例えば「上腕三頭筋（じょうわんさんとうきん）」などの特定の筋肉だけを鍛えていても、パフォーマンスアップになかなかつながりません。最短で確実に運動能力を向上させるためには、6つの重要関節につき2つずつ＝「12のサボリ筋」をトレーニングする必要があるのです。

また、主な運動能力である「走力」「跳力」「蹴力」「投力」「振力」「泳力」のそれぞれにおいて、重視すべき関節&筋肉があり、優先して行うべき「サボリ筋トレーニング」が異なります。

●「走力」アップのためには……

腰・股関節周りを強化する腸腰筋（ちょうようきん）、多裂筋（たれつきん）・腹横筋（ふくおうきん）のトレーニングを

●「跳力」アップのためには……

足首周りを強化する後脛骨筋（こうけいこつきん）、腓骨筋（ひこつきん）のトレーニングを

●「蹴力」アップのためには……

ひざ周りを強化する内側（ないそく）ハムストリングス、内転筋（ないてんきん）のトレーニングを

●**「投力」アップのためには……**
肩周りを強化する肩甲下筋（けんこうかきん）、上腕三頭筋のトレーニングを

●**「振力」アップのためには……**
手首・指周りを強化する橈側手根屈筋（とうそくしゅこんくっきん）、尺側手根屈筋（しゃくそくしゅこんくっきん）のトレーニングを

●**「泳力」アップのためには……**
肩甲骨周りを強化する前鋸筋、菱形筋のトレーニングを

これこそが、あなたが望んでいる運動能力の向上を最短で実現するために、最優先で実践すべきトレーニングです。まずは「自分が最も高めたい運動能力」に狙いを定め、パフォーマンスアップのために最適なトレーニングを始めていきましょう。

より詳しいサボリ筋の説明や、具体的なトレーニングのやり方、各トレーニングで得られるメリット、効果の秘密などは、第2章でご説明していきます。

実践すれば、体を大きくも小さくも、速くも遅くも、より正確に、自由自在に操れる多様性がもたらされます。プレー中や運動中に「動きの質・量がともに向上した」と実感する機会は間違いなく増えていきます。そして、その「感覚の変化」が、タイムやスコアなどの「数字の変化」としても着実に現れてくるはずです。

サボリ筋トレーニング 実践の「5つのコツ」

第２章からは、「走力」「跳力」「蹴力」「投力」「振力」「泳力」の向上に最適なサボリ筋トレーニングのやり方をご紹介します。
じゅうぶんな効果を得るために、以下のコツを意識しながら行いましょう！

---

1 正しいフォームで力を入れる筋肉をしっかり意識しながら行う

2 体勢を10秒間キープするときは最大の力を込める

※1種類のサボリ筋トレーニングにつき3セットが目安

3 各運動能力を高めるための2つの「サボリ筋トレーニング」はセットで行う

※1つの関節を支える2つのサボリ筋はバランスが重要。
これが整わないと「リミッター」は外れない！

4 練習・試合の前後にできるだけ行う

※特にストレッチの前に行うのがオススメ

5 力の入りにくい筋肉は最後にもう一度行う

まずは
1週間試して
“体の覚醒”を
感じてください

※トレーニング方法についてのさらに詳しい説明は、
第２章を参照してください。

第２章

10秒で即効！「サボリ筋トレーニング」実践

「走力」を高めるために トレーニングすべきサボリ筋

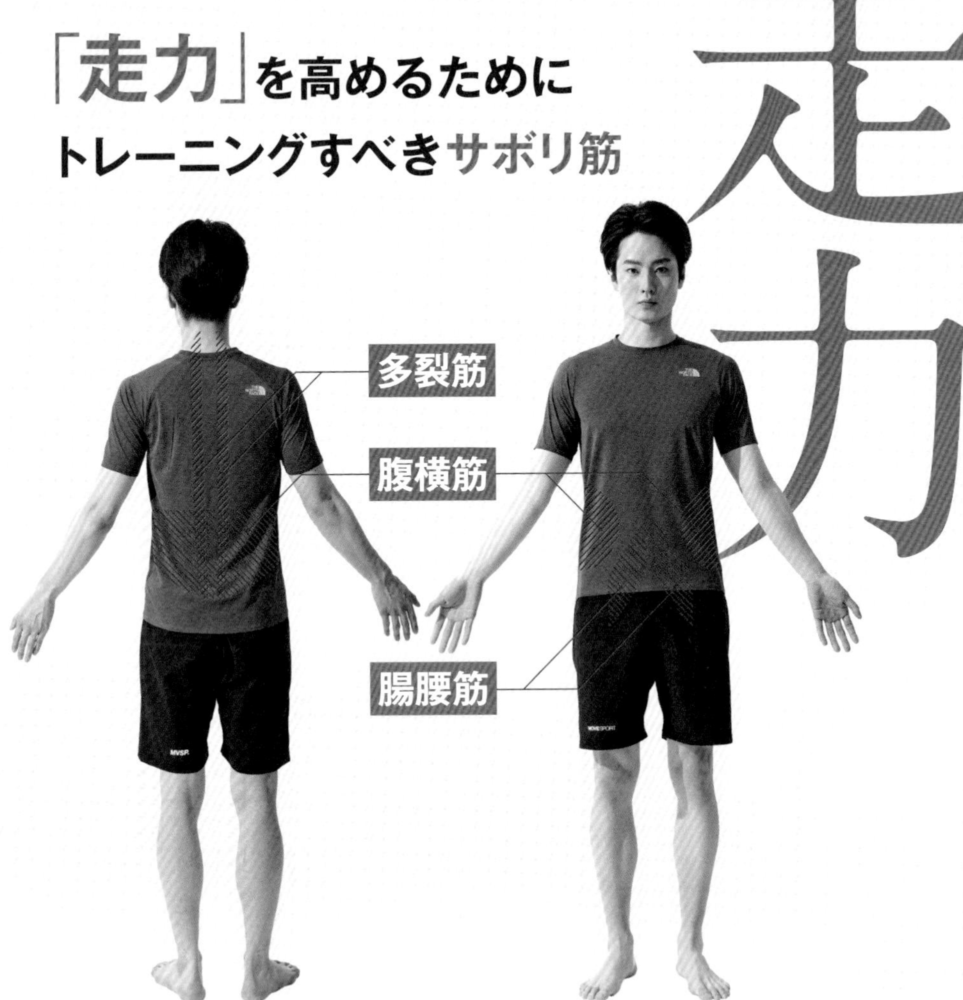

1 腸腰筋

股関節の付け根にある「腸腰筋」は、大腰筋、小腰筋、腸骨筋という３つの筋肉から構成される筋肉複合体の総称。腰・股関節の前側を支えている代表的な深層筋（インナーマッスル）で、ここがサボっていると「走力」の停滞・低下に影響大！

2 多裂筋・腹横筋

「多裂筋」は、背骨の後ろ側の左右両側にあり、腰・股関節の後ろ側を支える筋肉。「腹横筋」は、お腹の最深部の左右両側を広く覆うようにあり、腰の横側を支える筋肉。組織的には別の筋肉ですが、機能としては必ず同時に働くので、並列的に扱うのが◎。

あらゆるスポーツの「走る場面」で

腰のバランスをキープしつつハイレベルな脚の運びを実現！

腰・股関節周りのサボリ筋

1 腸腰筋のトレーニングのメリット

腸腰筋の主な機能

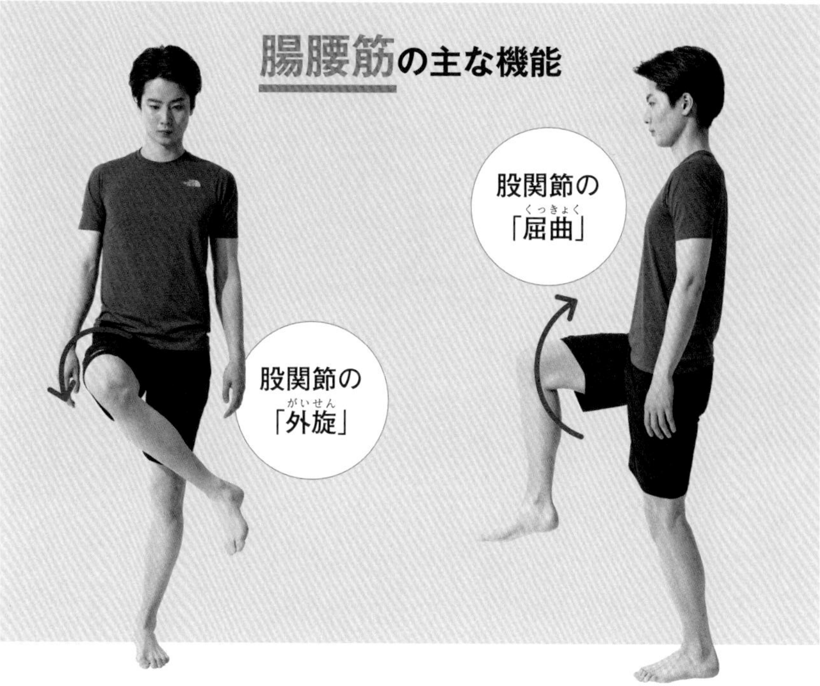

股関節の「屈曲」

股関節の「外旋」

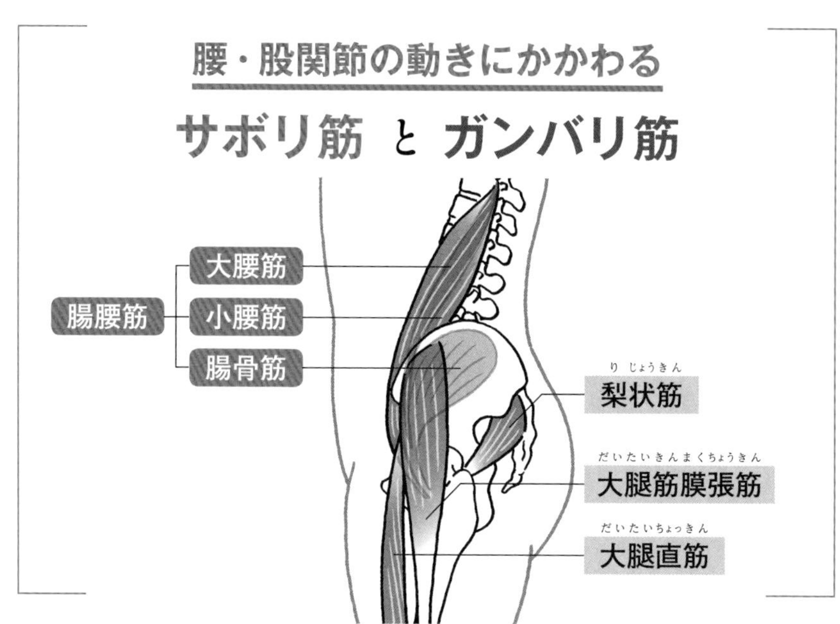

腸腰筋トレーニング

腰・股関節の前側を支える力を効率的にアップし、「ダイナミックで力強い走り」を実現！

1

床に座って足裏を合わせ脚を開く

骨盤を立てて背すじを伸ばして床に座り、両足の裏をピタリと合わせ、両ひざを外側に開いて太もも・ふくらはぎで正方形を作る（左下の写真も参照）。

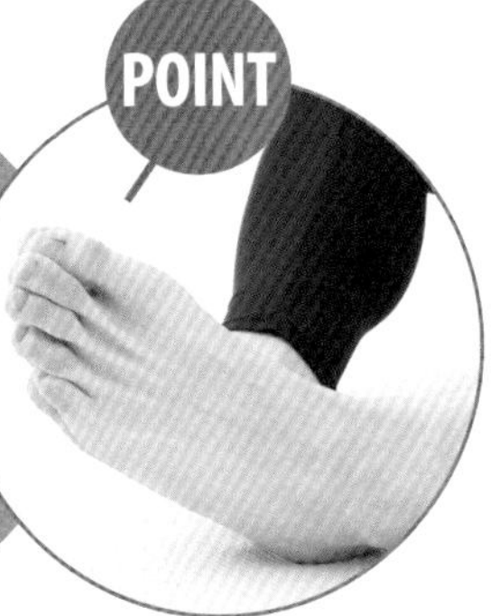

左右の足の裏をピタリと合わせたうえで、指先はできるだけ上を向くようにすること。

上半身を前方に倒す

首から腰のラインを真っ直ぐにしたままで、「おへそを前方に出すイメージ」で上半身をできるだけ前傾させ、その状態を10秒間キープ。

腰〜背中が丸まると、腰・太ももなどの筋肉に力が入るので注意。

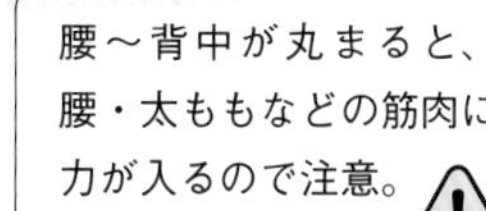

かかとの位置が股に近すぎて、太もも・ふくらはぎで正方形を作った形がひし形になるのもNG。

下腹部の左右両側

腸腰筋は、背骨の腰部分（腰椎）・骨盤の内側（腸骨の内側）から、左右の太ももの骨（大腿骨）の付け根まで伸びている。この範囲にきちんと力を入れるように意識すると効果的！

腸腰筋のサボリ筋トレーニングが効く秘密

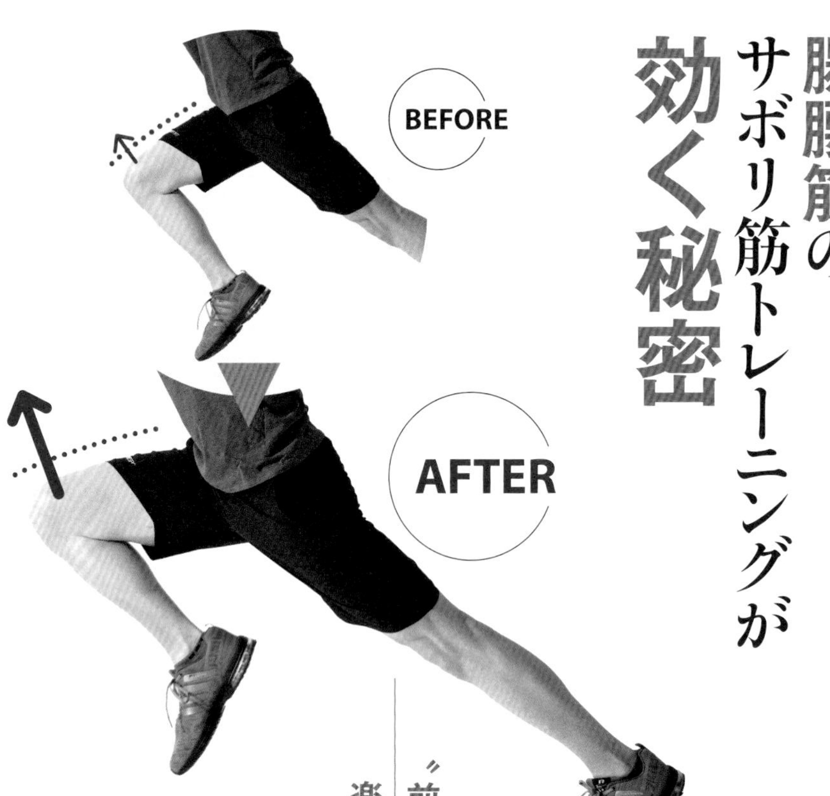

〝前脚〟の太ももが楽に高く上がるようになる

「走る」という動作の中で、太ももをしっかり上げるためには、腸腰筋をきちんと働かせることが最も大切。この点は、腸腰筋の主な機能が「股関節(こかんせつ)の屈曲」であること（23ページ上の写真参照）から明白です。腸腰筋が本来の機能を発揮することで、走るときに〝前脚〟に相当する脚が楽に高く上がるようになっていきます。

ただし、やみくもに腸腰筋だけを鍛えるのはNGです。腸腰筋だけに負荷をかけすぎると、過緊張になった腸腰筋が硬くなり、鼠径部(そけいぶ)・股関節周りの筋肉に炎症が起きるグロインペイン症候群や股関節痛、お尻の側面の痛みなどにつながってしまうので、必ず多裂筋・腹横筋のトレーニング（30ページ参照）とセットで行ってください。

〝後ろ脚〟を前方へ踏み出す際のスピードが速くなる

筋肉には伸張反射（引き伸ばされた後に反射的に縮もうとする）の特性があり、腸腰筋の伸張反射は走力向上に直結しています。上の写真のように、左脚が〝後ろ脚〟の状態のとき、腰・股関節の前側の腸腰筋は引き伸ばされます。その左脚が〝前脚〟に変わっていく際に腸腰筋の伸張反射がしっかり起こることで、脚を前へ速く踏み出せるようになるということです。

本格的に走るトレーニングをしている人なら、フォワードスイングにおける〝股関節の部分〟での動きがスムーズになると考えていただくといいでしょう。ですからやはり、走力アップに腸腰筋のトレーニングは必須で、特に短距離走者には不可欠ということです。

2 腰・股関節周りのサボリ筋
多裂筋・腹横筋のトレーニングのメリット

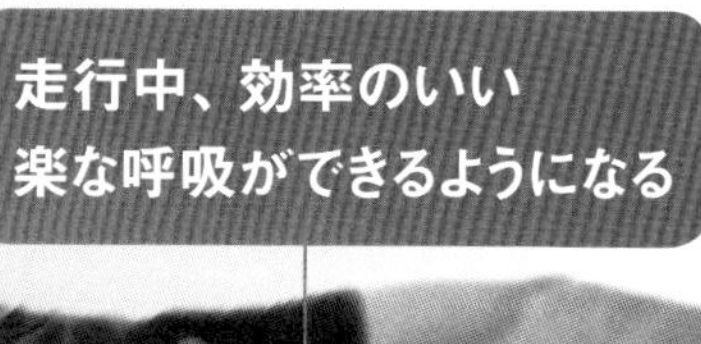

走行中、効率のいい
楽な呼吸ができるようになる

走力アップに必要な
お尻・太もも周りの
筋力バランスが整う

股関節の付け根が
柔らかくなり、脚の
運びがスムーズに

ストライドが大きくなり
前へ進むパワーが強くなる
▶詳しい説明は32ページ

走行中の上下のブレが減り
体重の乗った走りが可能に
▶詳しい説明は33ページ

多裂筋の主な機能

腹横筋の主な機能

腰・股関節の動きにかかわる
サボリ筋 と ガンバリ筋

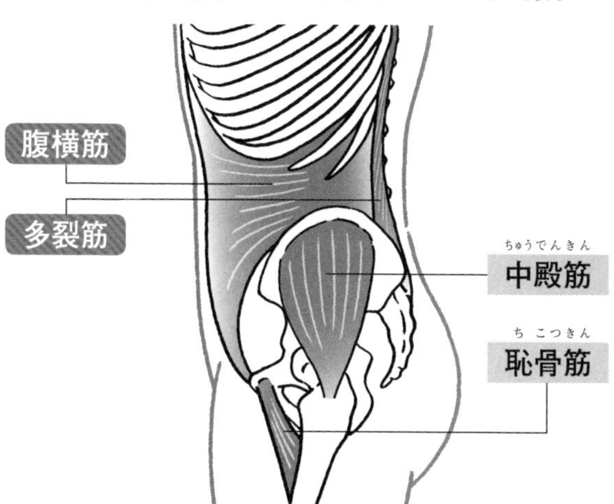

多裂筋・腹横筋トレーニング

腰・股関節の横と後ろ側を支える筋肉を働かせることで、「スピードの落ちないランニング」が可能になる！

1

床に横向きに寝て手のひらを上に向ける

体の右側を上にして、胸を張りながら横になり、右腕は前方に伸ばして手のひらを上に向ける。両脚のひざが曲がらないようにピンと伸ばし、右足のつま先だけを下に向ける。

つま先を上に向けて脚を上げると、腹筋の前面や太ももなど別の筋肉に力が入るのでNG。

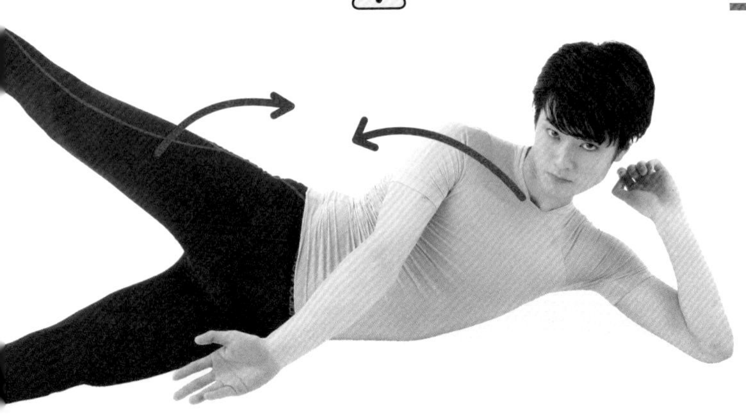

※写真は、右側の多裂筋・腹横筋をトレーニングする場合

脚は後方に引っ張り上げること。上から見て「人」の字になるように脚を前後にする。

力が入るのはココ!

お腹の側面と腰周り

腹横筋はお腹の左右を広く覆うようにあり、多裂筋は背骨の後ろ側の左右にある。この範囲にきちんと力を入れるように意識すると効果的！

2

脇腹を縮めるように脚と上半身を上げる

右足のつま先を下に向けたまま、右脚全体を斜め後ろ方向へ引っ張り上げるようにできるだけ高く上げつつ、同時に上半身を真上に引き上げる。その状態を10秒間キープ。左側でも、同様にトレーニングする。

多裂筋・腹横筋のサボリ筋トレーニングが効く秘密

腰を「最深部の後ろ側」で支える筋肉の多裂筋がサボっていると、「最深部の前側」で支える筋肉＝腸腰筋が緊張・硬化していき、22ページにある「腸腰筋のトレーニングのメリット」が機能しづらくなります。股関節の伸展（後方へ伸ばす動き）に働く内側ハムストリングス（54ページ参照）も緊張・硬化します。

さらに、腹横筋もサボっていると、お尻の左右側面にある筋肉（中殿筋）がガンバリ筋になってしまい、骨盤の左右水平の状態が崩れやすくなります。

ストライドが大きくなり前へ進むパワーが強くなる

しかし、多裂筋・腹横筋をトレーニングすれば、走行時も腰の状態が安定したまま、股関節の屈曲と伸展を繰り返す脚の運びがスムーズになり、必然的にストライド（歩幅）が大きくなっていくのです。

走行中の上下のブレが減り
体重の乗った走りが可能に

「腰が後ろに残ったまま」の走りでは、スピードに乗れません。

速く走るためには、前方へ踏み出した〝前脚〟のかかとが地面につく瞬間から〝後ろ脚〟になるまでの間に、腰を前方にグッと持っていく動きが絶対に必要で、その動きをスムーズに生み出せる筋肉が多裂筋です。

しかも、腰を前方に持っていけるようになると、ひざの屈伸運動が少なくなり、高重心をキープできます。

そして〝前脚〟のかかとをついた瞬間から、その脚にきちんと体重が乗りつつ腰が前方へ出ていくので、位置エネルギー・運動エネルギーを失わずに済み、「体重の乗った走り」「スピードに乗りやすい走り」「スピードの落ちづらい走り」を実現できるわけです。

走力向上をより確実にする

+α プラスアルファの「サボリ筋トレーニング」

内側ハムストリングス&内転筋（ないてんきん）のトレーニング

ひざ周りが強く安定し、下半身の連携が高まる

前鋸筋（ぜんきょきん）&菱形筋（りょうけいきん）のトレーニング

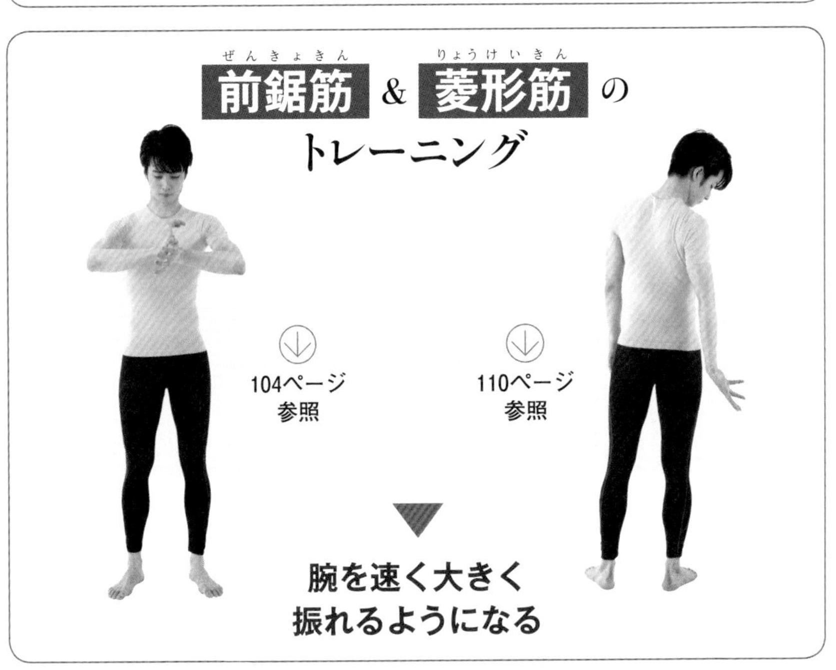

腕を速く大きく
振れるようになる

「サボリ筋トレーニング」でここまで走りが変わる！

走力アップ 実例紹介

短距離走／女性・10代

50ｍ走のタイムが0.4秒縮まって7.0秒になり、女子で学年2位の成績を残せました

短距離走／男性・10代

サッカー部所属なのですが、長年の股関節痛を克服できたうえに、50ｍ走のタイムが6.3秒から6.0秒になるほど走力がアップしました

長距離走／女性・30代

フルマラソンの完走タイムを、3時間48分台から3時間30分台まで短縮できました

「跳力」を高めるために トレーニングすべきサボリ筋

跳力

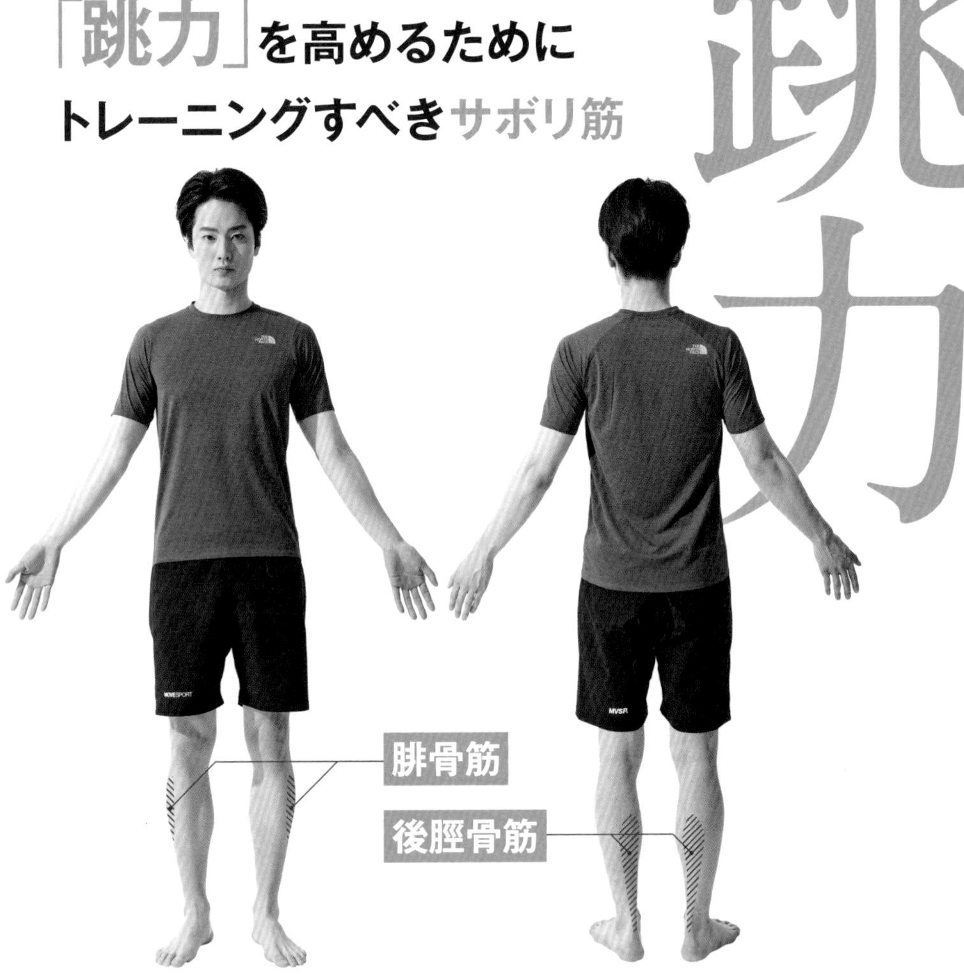

1 後脛骨筋

「後脛骨筋」は、すねの内側にある筋肉。すねの内側の骨（脛骨）の上のほうから、ふくらはぎの最も深層の内側を通り、足首を内側から支えています。ここがサボっていると、足裏のアーチが下がって扁平足になりやすく、親指側に体重が偏る傾向が現れます。

2 腓骨筋

すねの外側にある「腓骨筋」は、すねの外側の骨（腓骨）の上のほうから足首まで伸びていて、足首を外側から支えている筋肉です。ここがサボると、足裏のアーチが上がりすぎる「ハイアーチ」「小指側への体重の偏り」「O脚」などの傾向が現れやすくなります。

あらゆるスポーツの「跳ぶ場面」で

足下からの反発力をフル活用でき、体のブレないハイジャンプ&サイドステップに！

1 足首周りのサボリ筋
後脛骨筋のトレーニングのメリット

「ひざが内側に入る癖」が解消され
ジャンプ時のケガを防ぐ
▶詳しい説明は43ページ

足首を伸ばしたり
固定したりする
力が上がり、
跳躍力アップ
▶詳しい説明は42ページ

扁平足・外反母趾（がいはんぼし）・
X脚・つま先が外を
向く癖などが改善

足の親指側の筋肉
や土踏まずに力が
入るようになる

後脛骨筋の主な機能

足首の
「底屈」
（足首を伸ばす）
足首の
「内返し」
（足首を内側の
下方向にひねる）

足首の動きにかかわる
サボリ筋 と ガンバリ筋

前脛骨筋
後脛骨筋

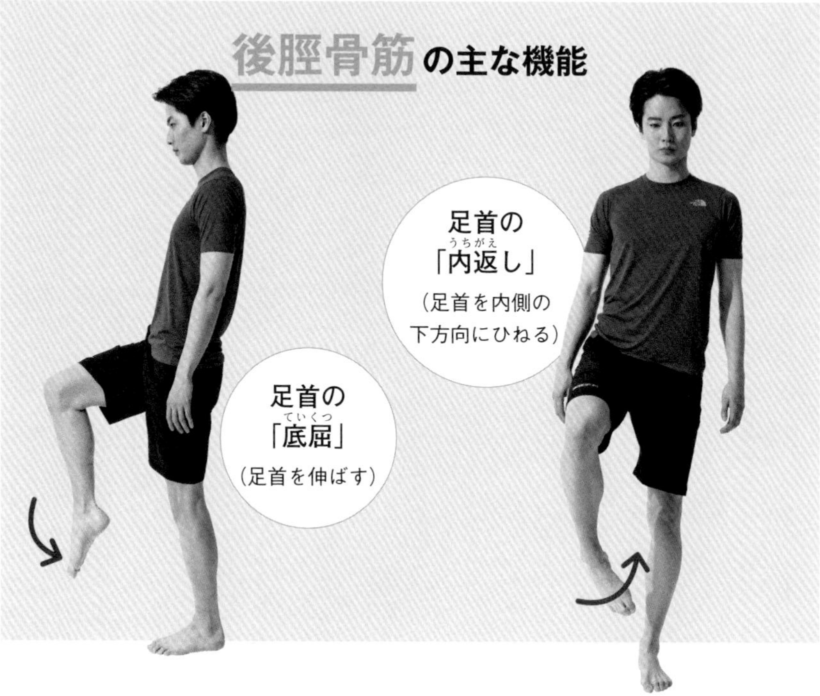

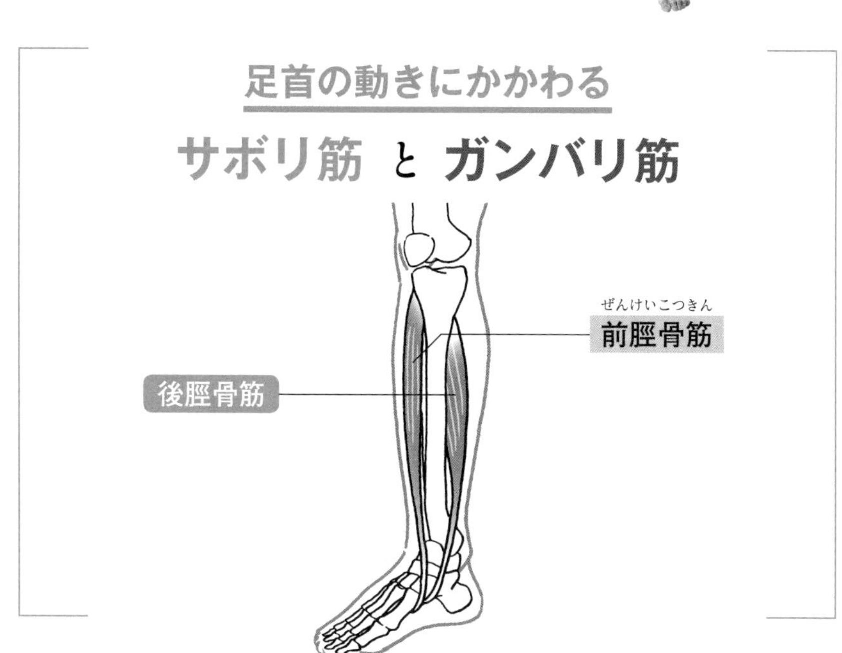

後脛骨筋トレーニング

足首・すねの内側を支える力を効率的にアップし、「より高く、より安全に跳べる足」に！

1

床に座って片脚を伸ばし反対の足のかかとをふくらはぎと床につける

骨盤を立てて背すじを伸ばして座り、手を後ろの床について上半身の重みを支える。左脚を前方へ真っ直ぐ伸ばしたら、右脚のひざを内向きに立てるように曲げ、かかとを左脚のすねと床につけて、つま先を上に向ける。

※写真は、右脚の後脛骨筋をトレーニングする場合

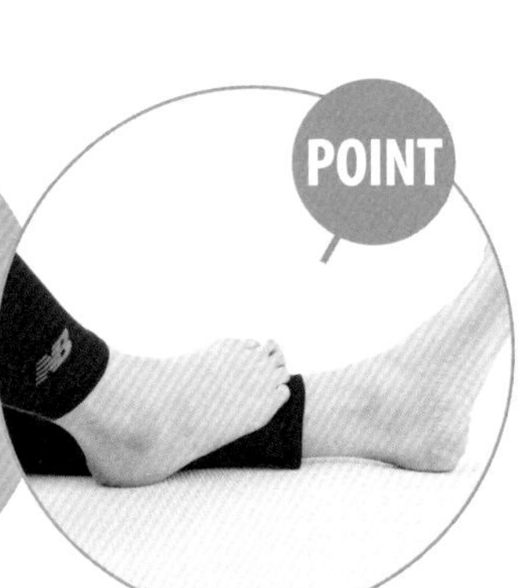

POINT

右足のかかとを左足のすねと床につけたまま、右足つま先を内側に倒すことによって、右足裏の中心あたりで左足のすねを押すように行うこと。

2

かかとの位置はズラさずにつま先を内側へ最大限に倒す

かかとの位置はズラさずに右足首を真っ直ぐ伸ばし、つま先を左脚のほうに最大限倒した状態を10秒間キープ。左右を入れ替えて、同様にトレーニングする。

かかとが床から離れたり、つま先が反った状態で行ったりすると、後脛骨筋に力が入らないので要注意。

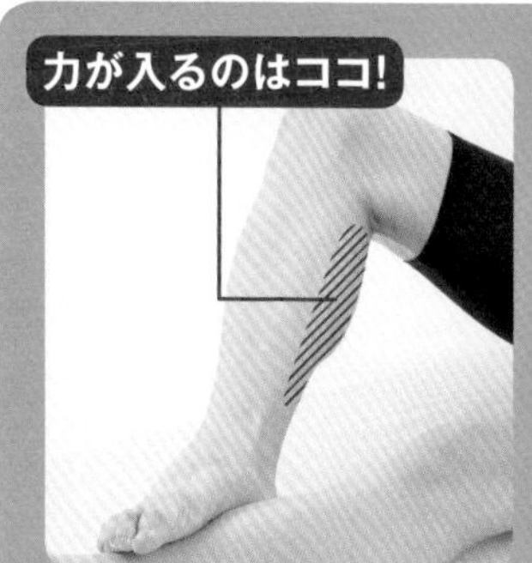

ふくらはぎの内側

後脛骨筋は、すねの内側の骨（脛骨）の上のほうの内側から、ふくらはぎの内側を通り、最終的には足指の根元などにまで伸びている。この範囲にきちんと力を入れるように意識すると効果的！

後脛骨筋のサボリ筋トレーニングが効く秘密

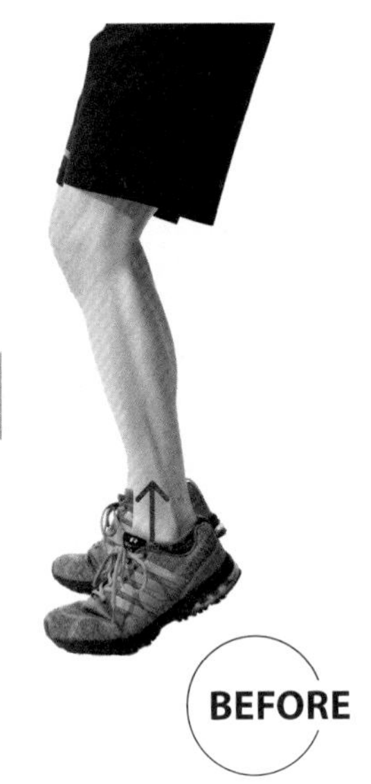

跳力を高める2大ポイントは、ジャンプするために床や地面に足裏をつく際、①足裏をできるだけ真っ直ぐにつくこと、②くるぶしから足裏がグラグラしないように足首をグッと固めること。後脛骨筋のトレーニングをすると、これらを自然と実践でき、床・地面に対してバンと足裏をついたときの反力を真っ直ぐ上に返すことができる＝これまでより高く跳べるようになります。

足首を伸ばしたり固定したりする力が上がり、跳躍力アップ

ただし、46ページでご紹介する腓骨筋のトレーニングとセットで行いましょう。腓骨筋と後脛骨筋は、それぞれが足首の内側と外側を支えていて、ともに足首の底屈（足首を伸ばす）働きを担う筋肉です。これらをともに鍛えることで、足首が固定・安定され、スムーズな動きになり、高いジャンプ力が手に入るのです。

「ひざが内側に入る癖」が解消され ジャンプ時のケガを防ぐ

人間の〝ひざから下の部分〟は、床・地面に対して垂直な構造になっています。これは「足裏―内くるぶし―脛骨―ひざ」のラインが垂直になっていることで、足下からの反発力をフル活用して高く跳べる構造になっているからです。しかし後脛骨筋がサボっていると、ひざが内側に入る「ニーイン」の状態になりやすく、本来の垂直のラインが崩れてしまう傾向があります。

すると、前ページでご説明したように、床・地面に対してバンと足裏をついたときの反力を真上に返せない＝力が逃げてしまうため、高くジャンプできないだけでなく、ひざのケガを招きやすくもなります。ですから、後脛骨筋をトレーニングして「ひざが内側に入る癖」を解消し、ジャンプに適した状態を作り出すことが必要なのです。

2

足首周りのサボリ筋
腓骨筋のトレーニングのメリット

左右へのサイドステップ・ターンが断然スムーズに

▶詳しい説明は49ページ

足首の捻挫（ねんざ）の回復が早まる。予防にも有効

▶詳しい説明は48ページ

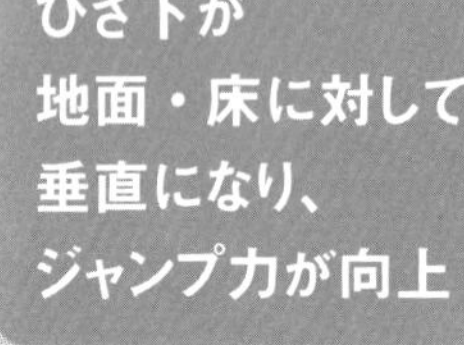

ひざ下が地面・床に対して垂直になり、ジャンプ力が向上

「足の小指側に体重が乗る癖」が解消され、足裏が水平に

ハイアーチ・O脚・浮き指・足底腱膜炎（そくていけんまくえん）（足底筋膜炎（そくていきんまくえん））などが改善

腓骨筋の主な機能

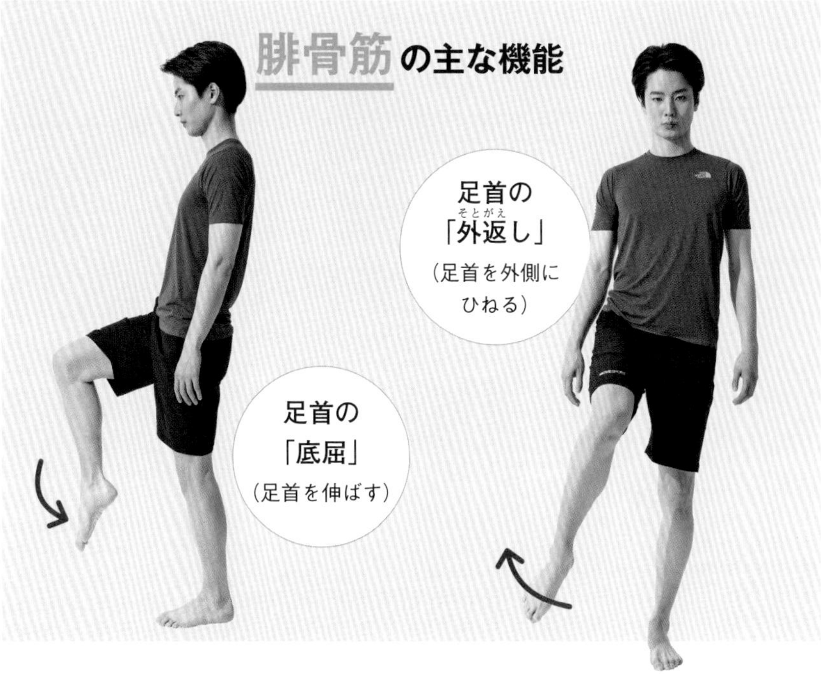

足首の「底屈」
（足首を伸ばす）

足首の「外返し（そとがえし）」
（足首を外側にひねる）

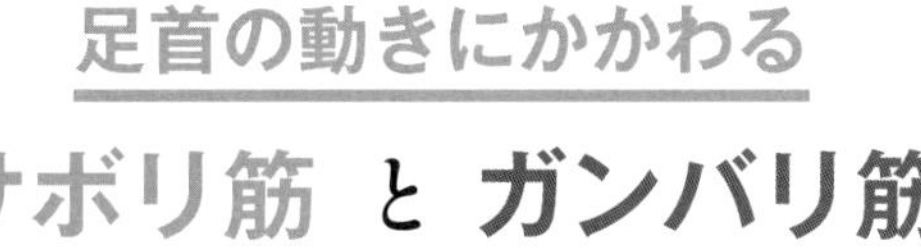

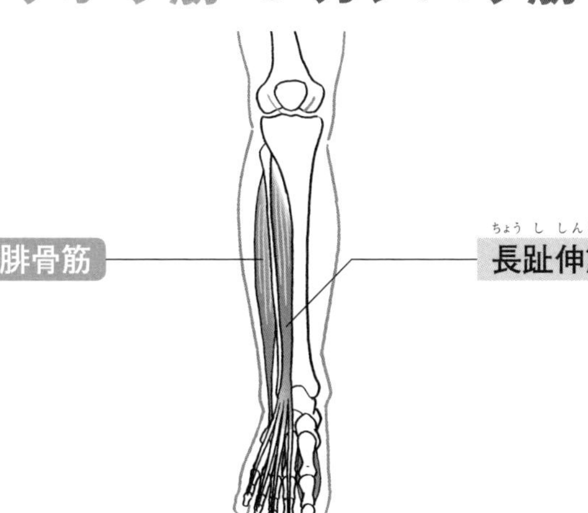

腓骨筋トレーニング

足首・すねの外側を支える力を効率的にアップし、〝捻挫の癖〟を解消！サイドステップが俊敏になる効果も！

1

床に座って片ひざを内向きに立てつま先を上げる

骨盤を立てて背すじを伸ばして座り、手を後ろの床について上半身の重みを支えつつ、右ひざを立てて軽く曲げてから少し内側に入れ、つま先を上に向ける。左脚は楽にする。

※写真は、右脚の腓骨筋をトレーニングする場合

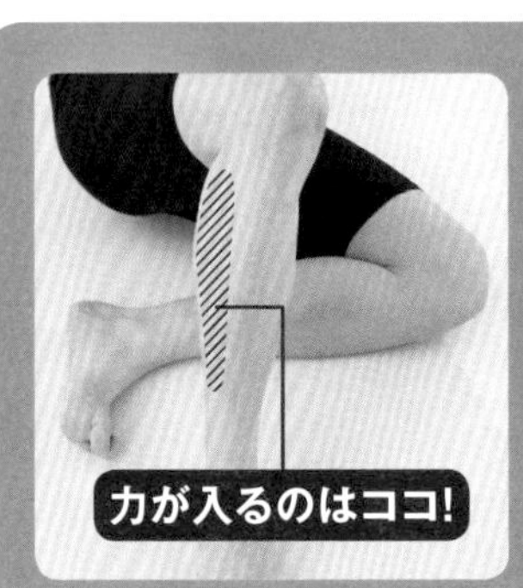

すねの外側

腓骨筋は、すねの外側の骨（腓骨）の上のほうから、すねの外側を通り、最終的には足指の根元などにまで伸びている。この範囲にきちんと力を入れるように意識すると効果的！

2

ひざ・かかとの位置はズラさずに つま先を外側へ倒して床を押す

ひざ・かかとの位置はズラさずに、上げていた右つま先を外側に向かって床につけ、親指の内側で床を押す状態を10秒間キープ。左右を入れ替えて、同様にトレーニングする。親指は、すねのラインから真っ直ぐの位置に。

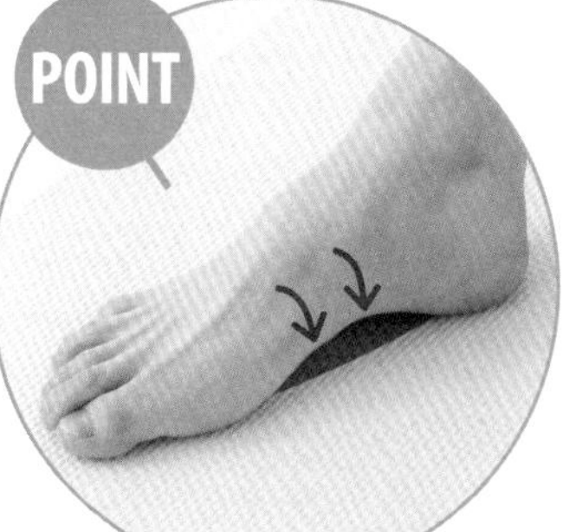

足指が反ると、腓骨筋ではなく腓腹筋（ふくらはぎ）の全体に力が入ってしまうので、足指は軽く「グー」に握り、土踏まずがつぶれるように踏むこと。

つま先が内側に倒れてしまうと、腓骨筋ではなく腓腹筋（ふくらはぎ）の内側に力が入ってしまうので要注意。

腓骨筋のサボリ筋トレーニングが効く秘密

BEFORE

AFTER

足首の捻挫の回復が早まる。予防にも有効

腓骨筋がサボリ筋になると、足裏のアーチが上がる「ハイアーチ」になりやすく、小指側・外くるぶし側へ体重が偏りやすくなります。

すると、足裏が床・地面に水平につかず、太ももの外側に疲労がたまりやすくなり、ひざが外に出る「ニーアウト」の状態になります。

さらに、床・地面に対して垂直な構造になっているはずの「足裏―内くるぶし―脛骨―ひざ」のラインが崩れていくので、高く跳びづらい状態であるうえに、小指側・外くるぶし側に体重が偏ってしまいます。つまり、ジャンプ時に足首の捻挫をしやすく、捻挫が癖になりやすい状態とも言えるのです。

こうした〝負の連鎖〟を解消できるのが、問題の根本にあるサボリ筋=腓骨筋をトレーニングすることなのです。

左右へのサイドステップ・ターンが断然スムーズに

バスケットボールなど、ジャンプの多いスポーツのプレー中には、上への大きなジャンプのほか、横への小さなジャンプもよく行います。一般に「サイドステップ」「ストライドステップ」と呼ばれるターンの動きで、両脚を交差させずに横へ俊敏に移動する動作です。

前ページでご説明したように、腓骨筋のトレーニングをすれば、足裏の状態が改善して床・地面に水平につくようになり、体重・重心の偏りも解消されます。すると、以前は時間のかかっていたサイドステップやターンの動きを、スピーディーに行えるようになります。

さらに後脛骨筋のトレーニング（40ページ参照）とセットで行うと、足首周り全体の筋力バランスが整うため、左右どちらへのサイドステップも断然スムーズにできるようになるのです。

跳力向上をより確実にする
+α プラスアルファの「サボリ筋トレーニング」

内側ハムストリングス & 内転筋のトレーニング

56ページ参照

62ページ参照

ひざを曲げ伸ばし・固定する

腸腰筋 & 多裂筋・腹横筋のトレーニング

体のブレを軽減し、全身で跳ぶジャンプを実現

「サボリ筋トレーニング」でここまでジャンプが変わる！

跳力アップ 実例紹介

バレーボール／女性・10代

2週間ほどでジャンプ力が10cm以上アップしたので、スパイクを打つときに見える“相手コートの景色”が変わりました

トランポリン／女性・10代

不安定だった着地が安定し、ジャンプするときも以前より垂直に跳べるようになりました

バレーボール／女性・10代

垂直跳びの平均数値が、40cm台前半から約50cmにまで大幅に上がりました

「蹴力」を高めるために
トレーニングすべきサボリ筋

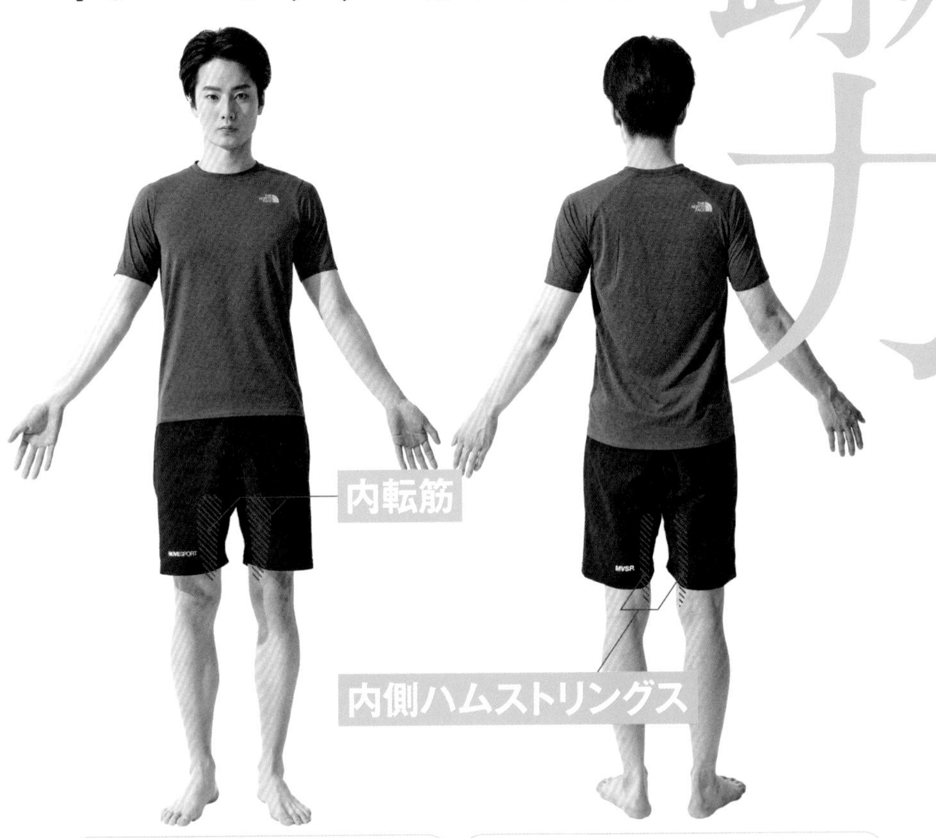

1 内側ハムストリングス

「内側ハムストリングス」は、太ももの後ろ側の内側にある筋肉複合体。「半腱様筋」「半膜様筋」などから構成され、骨盤の左右の下端（坐骨）から左右の太ももの内側の裏を通り、すねの内側の骨（脛骨）の上端内側まで伸び、ひざを後ろ側で支えています。

2 内転筋

「大内転筋」「長内転筋」などから構成される筋肉複合体＝「内転筋」は、内側ハムストリングスの少し前の位置にあります。骨盤の左右下端（坐骨・恥骨）から左右の太ももの内側を通って太ももの骨（大腿骨）に幅広くつき、ひざの前面を間接的に支えています。

あらゆるスポーツの「蹴る場面」で

パワー・クオリティーがともに上がり、どんな種類のキックも自由自在に！

1 内側ハムストリングスのトレーニングのメリット

競り合いやタックル、スクラム・モールにも強くなる

ひざの前側&外ももの痛みやケガの予防・改善に有効

低重心のときの安定性が増し、ロングキックの距離がアップする

「蹴り脚」の振りが速く・強く・正確になる

▶詳しい説明は59ページ

「軸足」の安定性が増し踏ん張りが利くようになる

▶詳しい説明は58ページ

走力
跳力
蹴力
投力
振力
泳力

内側ハムストリングスの主な機能

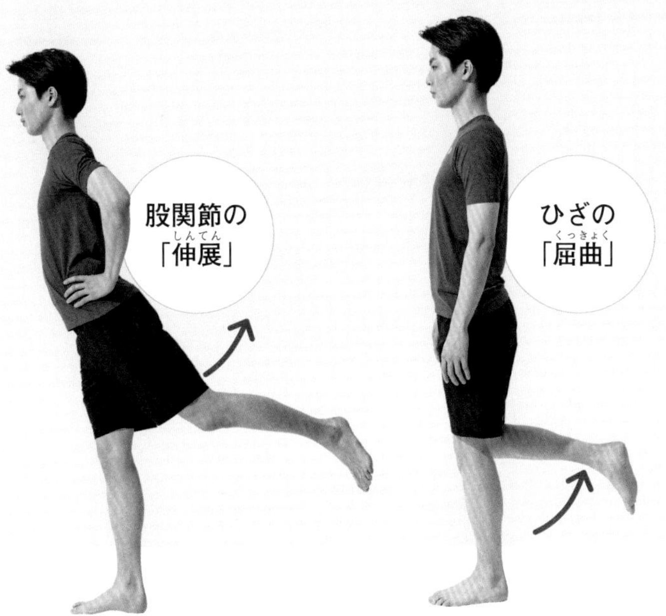

ひざの動きにかかわる サボリ筋とガンバリ筋

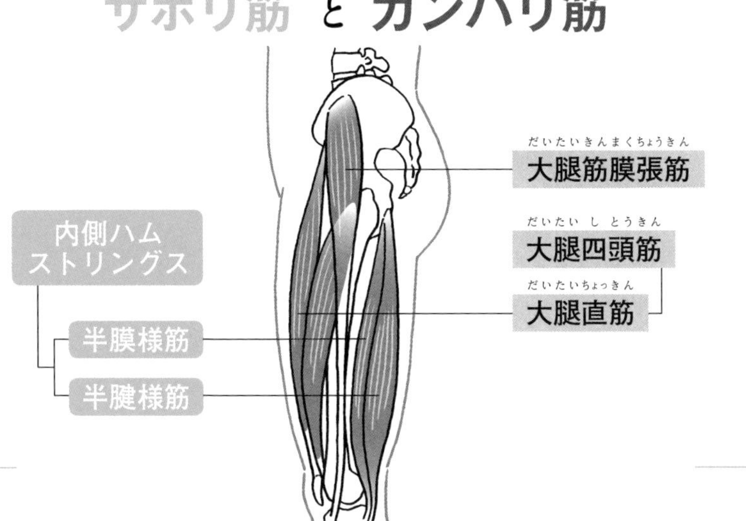

内側ハムストリングス
トレーニング

ひざの後ろ側を支える力を
効率的にアップし、
踏ん張りの利いたキックを
手に入れる！

1

床に座って
片足のかかとを浮かせる

骨盤を立てて背すじを伸ばして座り、手を後ろの床について上半身の重みを支える。左脚を前方へ楽に伸ばし、右足のつま先を内側に向けてから足指を「グー」に握り、右ひざを軽く曲げてかかとを少し浮かせる。

※写真は、右脚の内側ハムストリングスをトレーニングする場合

右足のつま先は内向きで軽く「グー」に握り、ひざは真っ直ぐな状態のまま行うこと。

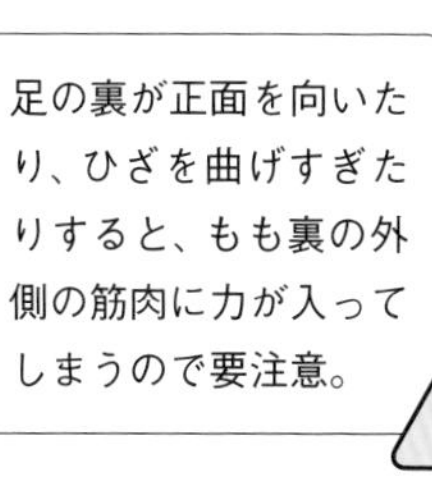

2

浮かせたかかとを床につけ つま先をさらに内に向ける

右足つま先をさらに最大限で内側に向け、その状態のまま浮かせていた右足のかかとで床を踏みつけ、10 秒間キープする。左右を入れ替えて、同様にトレーニングする。

足の裏が正面を向いたり、ひざを曲げすぎたりすると、もも裏の外側の筋肉に力が入ってしまうので要注意。

太もも内側の後ろ側

内側ハムストリングスは、左右の骨盤（坐骨）の下端から、左右の太もも内側の裏を通り、すねの内側の骨（脛骨）の上端内側まで伸びている。この範囲にきちんと力を入れるように意識すると効果的！

力が入るのはココ!

内側ハムストリングスの
サボリ筋トレーニングが
効く秘密

BEFORE

ももの裏で軸足を力強く支えるイメージ

AFTER

サッカーなどでボールを蹴るとき、「軸足」はひざを軽く曲げた状態になっています。その動きと安定性に大きく寄与しているのが、内側ハムストリングスです。

「軸足」の安定性が増し踏ん張りが利くようになる

内側ハムストリングスがきちんと機能していれば、ボールの横に脚を踏み込んだ時点から蹴る瞬間、蹴り足を振り終わるときまで、軸足のひざを軽く曲げた状態がキープできます。

もし、内側ハムストリングスがサボリ筋になっていると、前述した軸足のひざの動きを、ひざ・太ももの前側にある大腿直筋（大腿四頭筋の中で前面中央にある筋肉）の働きだけに頼ることになり、軸足を踏ん張れません。そのうえ、ひざの前側・外側の痛みや、ひざからすねが外へねじれることによる外ももの痛みなどを招きかねないのです。

「蹴り脚」の振りが速く・強く・正確になる

内側ハムストリングスをトレーニングすることは、軸足だけでなく「蹴り足」にも多大なメリットをもたらします。

ボールなどを蹴る直前の蹴り足の動きは、体の後方へ脚全体をもっていく→その脚を振り下ろす→曲げていたひざを伸ばしていきながらボールなどを蹴るという流れの動きをしています。内側ハムストリングスは、こうした一連の動きに大きな役割を果たしています。

ここで、55ページにある「内側ハムストリングスの主な機能」の写真を見てください。一連の流れの動きそのままだとご理解いただけるでしょう。ですから、サボっていた内側ハムストリングスをトレーニングすると、蹴る直前の蹴り足のひざ周りの動きのパワー・速さ・正確性が増していくのです。

ひざ周りのサボリ筋

2 内転筋のトレーニングのメリット

グロインペイン症候群※&ハムストリングスの肉離れの予防・改善に有効

ワンタッチプレーなどでの「キック&ゴー」が俊敏になる

ひざの内側の痛みやケガの予防・改善に有効

キックの種類を問わずパワー・精度が大幅にアップする

▶詳しい説明は65ページ

「蹴り足」のキックの瞬間からフォロースルーの動きの質が向上

▶詳しい説明は64ページ

※鼠径部・股関節周りの筋肉に炎症が起きるなどして、痛みや動かしづらさを引き起こす症状。鼠径部痛症候群とも言う。「蹴る」「走る」を繰り返すサッカー選手に多い。

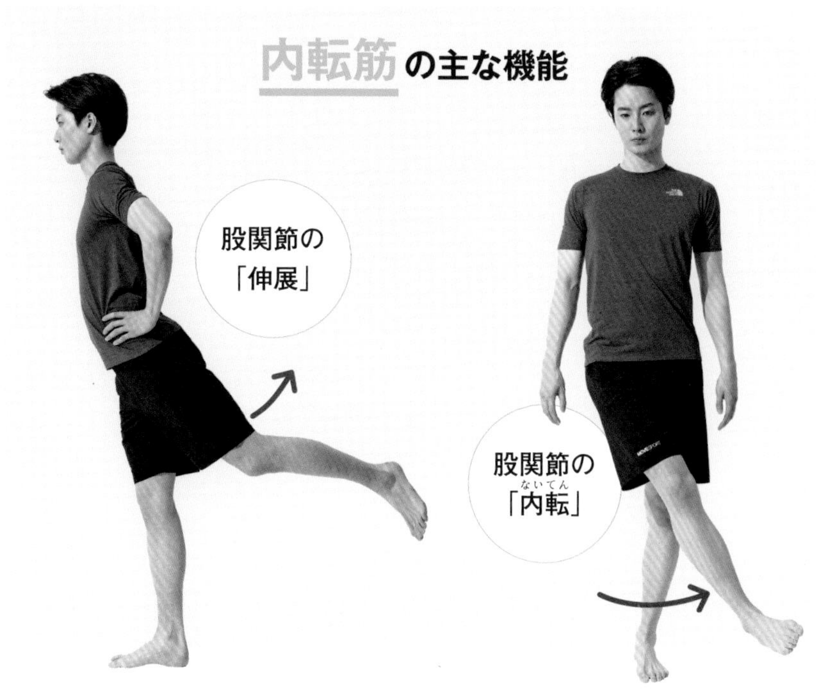
内転筋の主な機能
股関節の「伸展」
股関節の「内転」

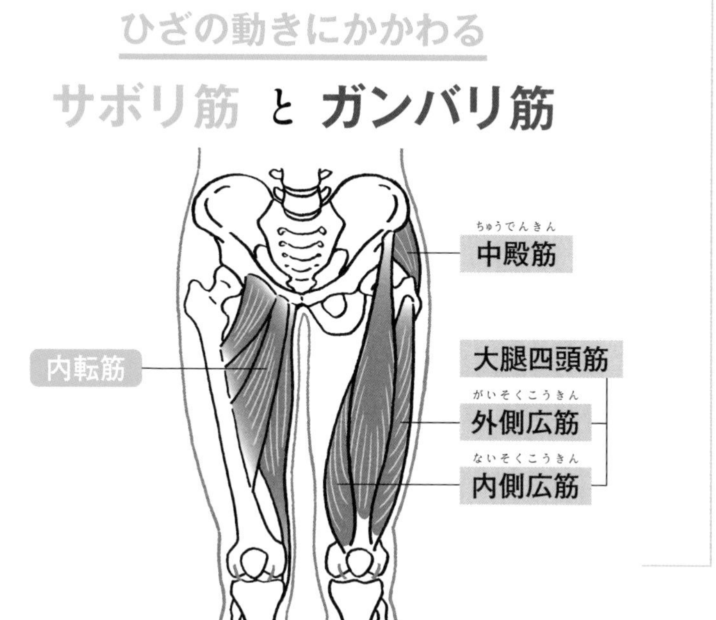
ひざの動きにかかわる
サボリ筋 と ガンバリ筋
中殿筋
内転筋
大腿四頭筋
外側広筋
内側広筋

内転筋トレーニング

ひざの前側を支える力を効率的にアップし、「強烈なシュート」「繊細なパス」が思いのまま！

1

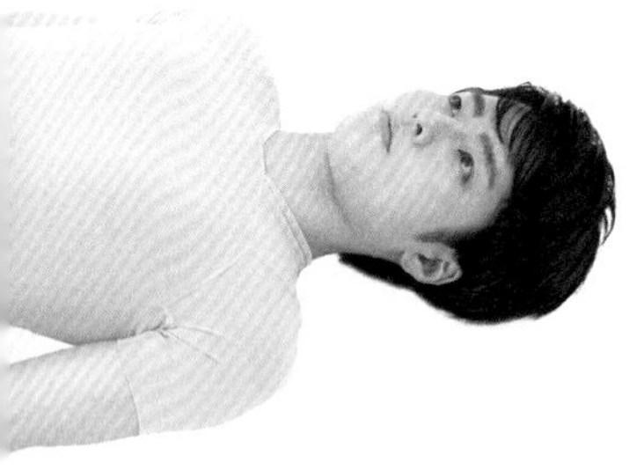

床に寝て両ひざを立て、片足のつま先を内側に向ける

両手のひらを上に向けながら、床に仰向けに寝て両ひざを立て、右足のつま先だけを内側に向けてから足指を「グー」に握る。

2

お尻を上げる

肩・ひじ・足の位置は動かさずに、両ひじ・両足のかかとを支点にして、お尻・腰・背中の下部を引き上げ、太ももの内側に力を入れた状態を10秒間キープ。左右を入れ替えて、同様にトレーニングする。

※写真は、右脚の内転筋をトレーニングする場合

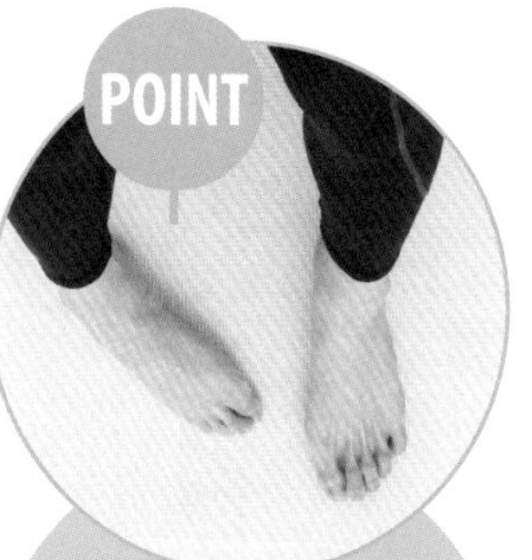

右足のつま先は内向きで軽く「グー」に握り、かかとや親指が床から浮かないようにしながら行うこと。

太もも内側全体

内転筋は、骨盤の左右（坐骨・恥骨）の下端から、左右の太もも内側を通り、太ももの骨（大腿骨）に幅広く伸びている。この範囲にきちんと力を入れるように意識すると効果的！

左右の足の間が離れすぎたり、トレーニングする側のひざが内側に入ったりすると、太ももの内側ではなく裏やお尻の筋肉に力が入ってしまうので要注意。

内転筋のサボリ筋トレーニングが効く秘密

「蹴り足」のキックの瞬間からフォロースルーの動きの質が向上

サッカーでいうインステップキックなど、足の甲で強く蹴ることを可能にするには、「蹴り足」のキックの瞬間からフォロースルーのときに、ひざをギュンと伸ばす必要があります。

ひざを伸ばすときには大腿直筋（大腿四頭筋の中で前面中央にある筋肉）が主に働くのですが、ひざを伸ばした状態をキープするには内側広筋（大腿四頭筋の中で最も内側にある筋肉）が強く働きます。

そして、その内側広筋には、物理的にも機能的にも密接につながっている内転筋が働いてこそ、じゅうぶんに力を発揮できるという特徴があります。つまり、強く蹴るためには、内転筋がサボっていてはダメということ。

強く正確なキックを実現するためには、内転筋のトレーニングは不可欠なのです。

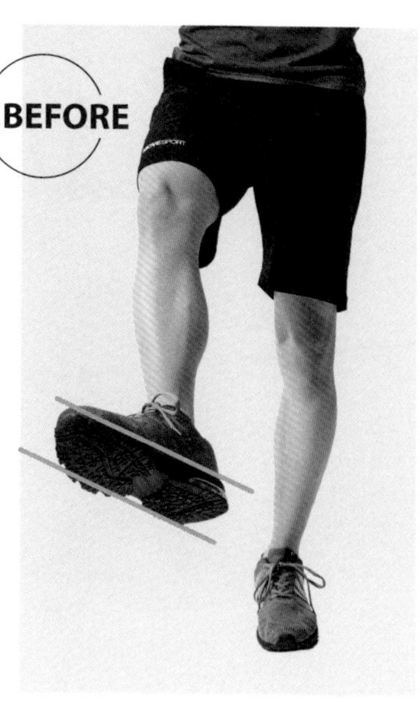

前ページでは、サッカーのインステップキックで強く正確なキックをするための内容をお話ししました。サッカーでもうひとつ多用するキック＝インサイドキックのパワー・精度を上げるためにも、内転筋のトレーニングが大いに役立ちます。

キックの種類を問わず パワー・精度が大幅にアップする

インサイドキックをするときは、「蹴り足」のつま先を外側に向けた状態で、脚全体を前に押し出す動きをします。この動きは、股関節の内転の動きに相当するため、その動きをする際にメインで働く内転筋のトレーニングが、キックのパワー・質の向上に直結しているわけです。

また、内転筋がきちんと機能すると、ひざを伸ばしても高重心が保てるので、キックの前後のプレー＝ワンタッチプレーでの「キック＆ゴー」などが俊敏になるメリットも得られます。

蹴力向上をより確実にする

+α プラスアルファの「サボリ筋トレーニング」

腸腰筋 & 多裂筋・腹横筋のトレーニング

24ページ参照
30ページ参照

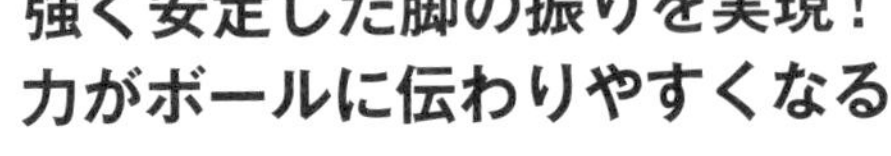

強く安定した脚の振りを実現！
力がボールに伝わりやすくなる

後脛骨筋 & 腓骨筋のトレーニング

40ページ参照
46ページ参照

足首の動き・固定する力がアップし、
キックのパワー＆精度が向上

「サボリ筋トレーニング」でここまでキックが変わる！

蹴力アップ 実例紹介

サッカー／男性・10代

ひざの前十字靭帯（ぜんじゅうじじんたい）を損傷したのですが、サボリ筋トレーニングのおかげで手術を受けずに治療できました。ケガをした脚の踏ん張りも以前より利くようになりました

サッカー／男性・10代

ケガでまともなシュートすら打てなかったのに、以前より強いシュートができるように

格闘技／男性・10代

いつものスパーリング相手が驚くほど、キックのスピードとパワーがアップしました

投力

「投力」を高めるために トレーニングすべきサボリ筋

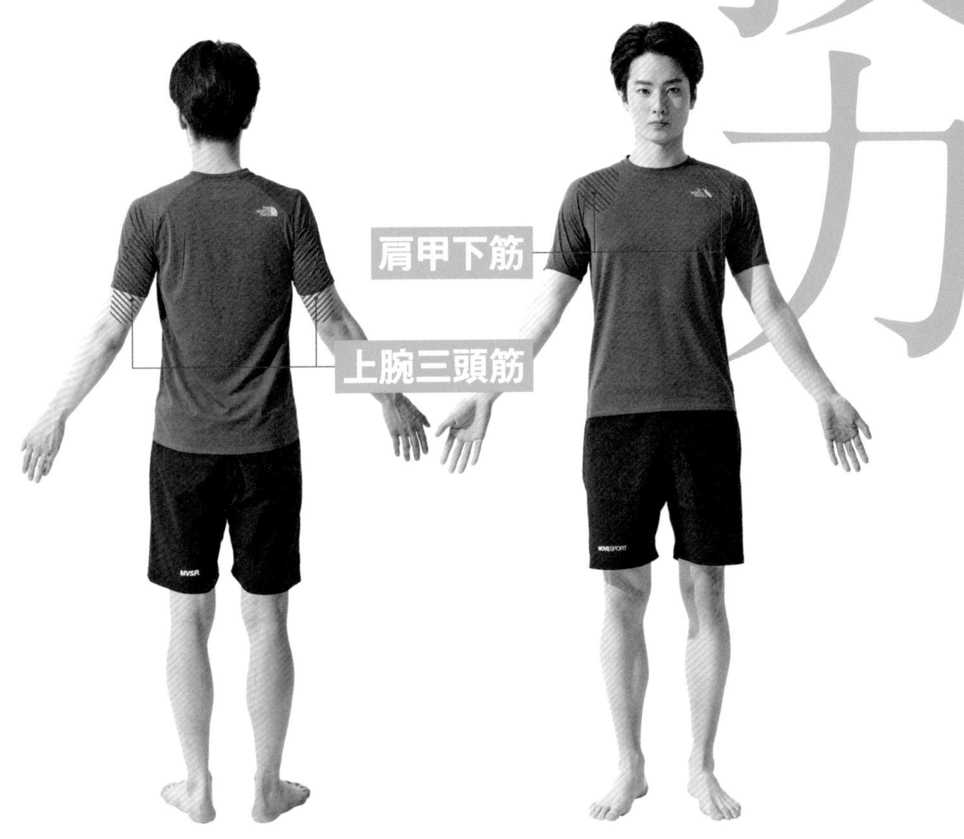

1 肩甲下筋

肩には、肩甲骨と二の腕の骨（上腕骨）の接続している肩関節（肩甲上腕関節）があります。「肩甲下筋」は、左右の肩甲骨の前面を広く覆っていて、その肩の関節の前側を支えている深層筋（インナーマッスル）です。

2 上腕三頭筋

「上腕三頭筋」は、肩甲骨や二の腕の骨（上腕骨）から伸びていて、合流しながらひじのところについています。ひとことで言えば、左右の二の腕の後ろ側にある筋肉で、肩・肩関節（肩甲上腕関節）の後ろ側を支えています。

あらゆるスポーツの「投げる場面」で

肩から腕を自在にコントロールでき、速くて正確なピッチ&スローを実現！

1 肩周りのサボリ筋 肩甲下筋のトレーニングのメリット

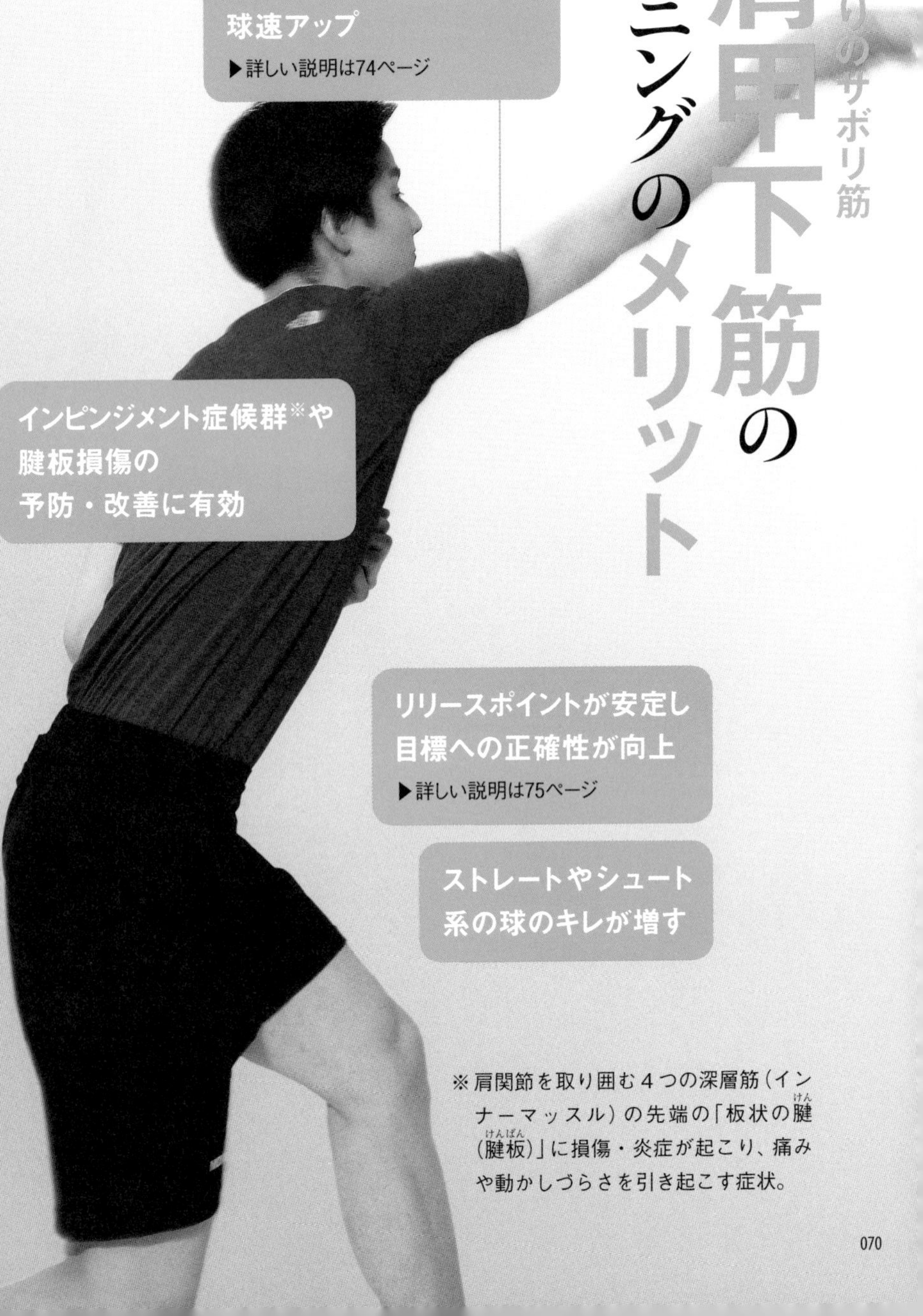

腕を振り下ろす
パワー&スピードが上がり、
球速アップ

▶詳しい説明は74ページ

インピンジメント症候群※や
腱板損傷の
予防・改善に有効

リリースポイントが安定し
目標への正確性が向上

▶詳しい説明は75ページ

ストレートやシュート
系の球のキレが増す

※肩関節を取り囲む4つの深層筋（インナーマッスル）の先端の「板状の腱（腱板）」に損傷・炎症が起こり、痛みや動かしづらさを引き起こす症状。

肩甲下筋の主な機能

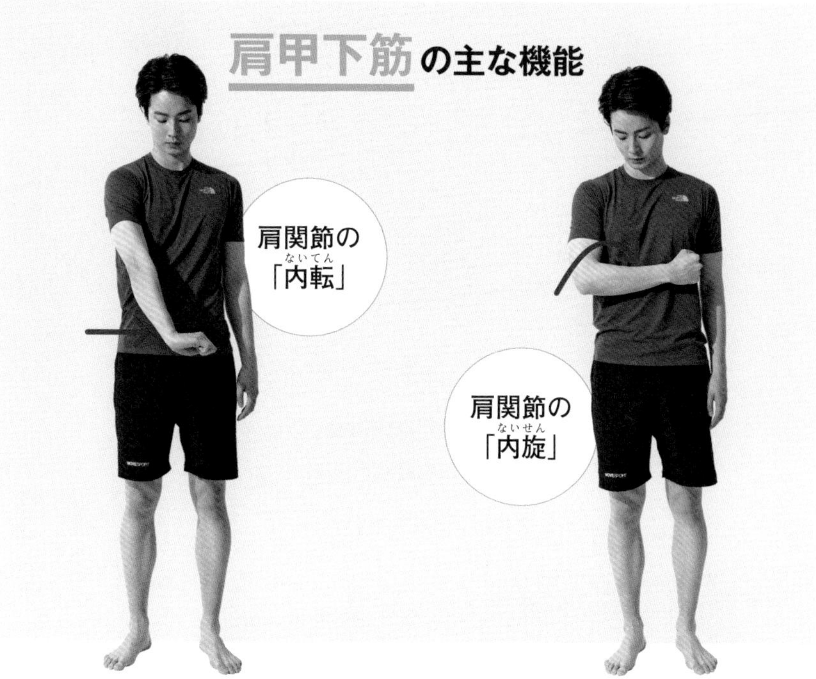

肩関節の「内転（ないてん）」

肩関節の「内旋（ないせん）」

肩の動きにかかわる
サボリ筋 と ガンバリ筋

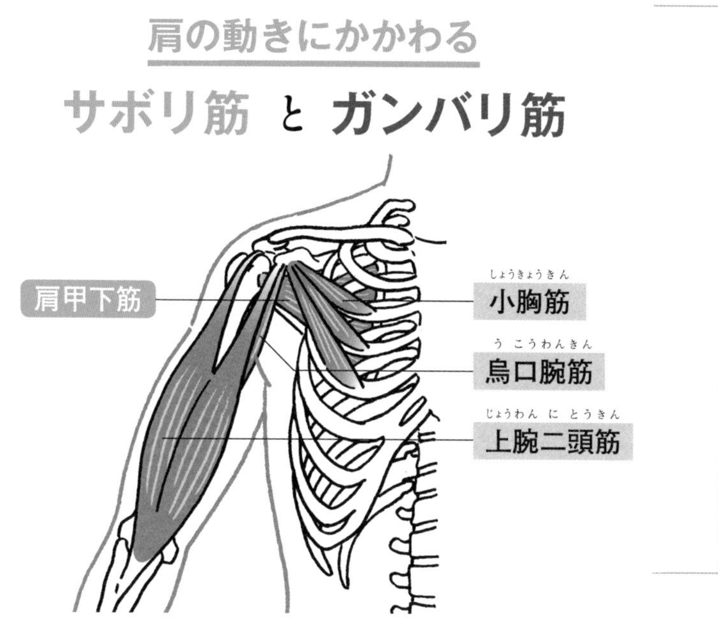

肩甲下筋トレーニング

肩の前側を支える力を効率的にアップし、「速く重い球」「コントロール向上」を可能に！

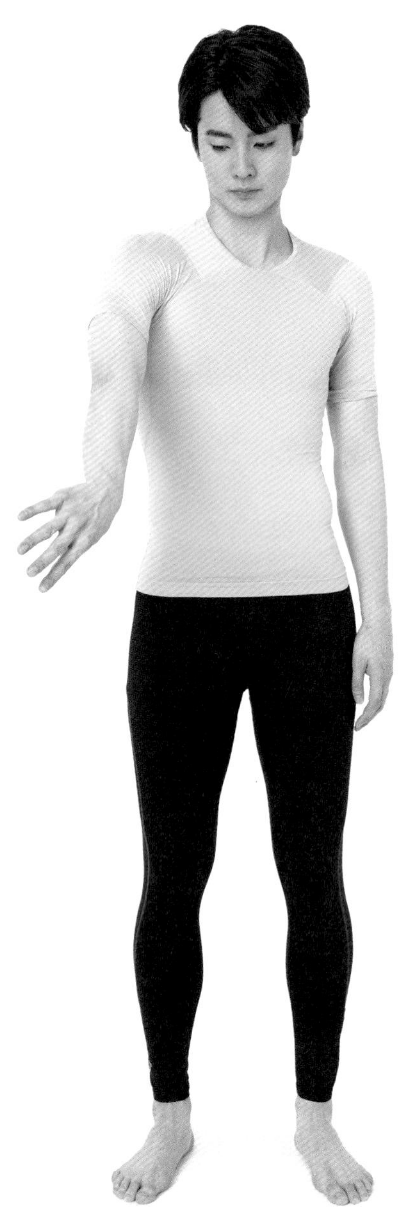

1

片腕を伸ばし手のひらを外に向ける

肩幅程度に両脚を開いて立ち、右腕を伸ばしながら前方に軽く上げ、そのまま腕を反時計回りに回して手のひらを外に向ける。

※写真は、右肩の肩甲下筋をトレーニングする場合

走力
跳力
蹴力
投力
振力
泳力

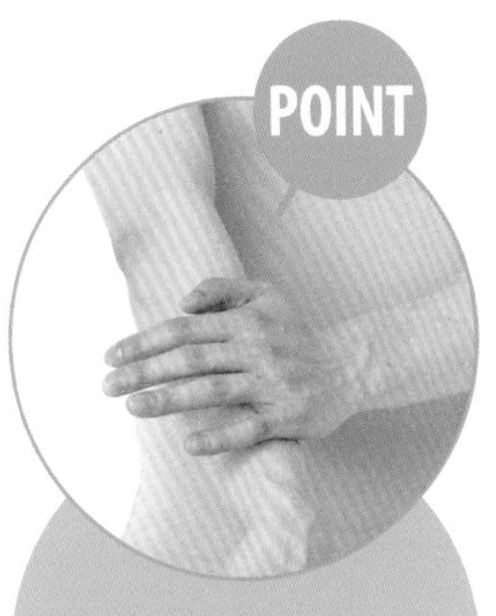

反対の手のひらは、右腕のひじから手首の中間の位置におく。

2

両腕で押し合う

右腕の前腕の真ん中あたりに反対の手のひらを乗せ、「右腕を内側へ」「それを左腕で押さえる」という状態を10秒間キープ。左右の腕＆手のひらを入れ替えて、同様にトレーニングする。

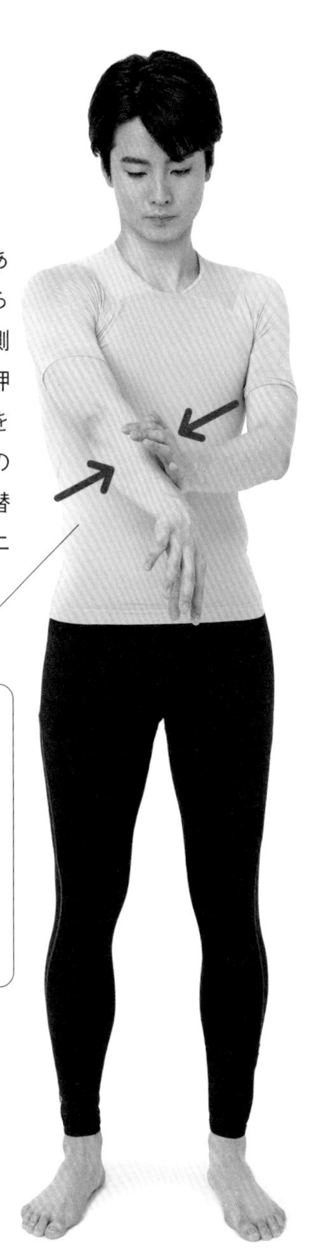

右手の甲に反対の手を乗せたり、右手のひらが内を向いていたり、肩を上げていたりすると、肩甲下筋に力が入らないので要注意。

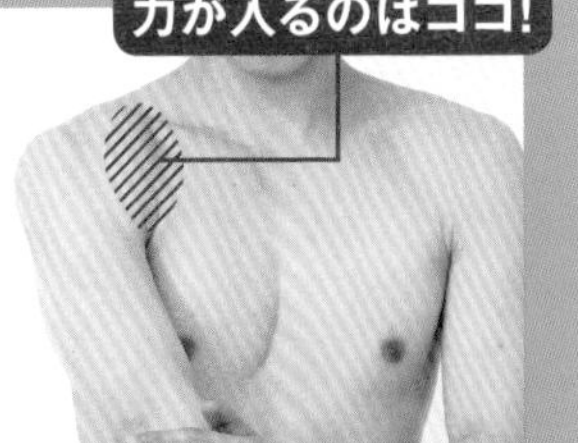

内側に寄せる腕の肩の前側

肩甲下筋は、肩甲骨の前側から二の腕の骨（上腕骨）まで伸びている。この範囲にきちんと力を入れるように意識すると効果的！

肩甲下筋のサボリ筋トレーニングが効く秘密

　ボールなどを投げるとき、肩から腕は複雑な動きをしています。大まかに言うと①振りかぶるときは、肩を外側（後ろ側）にひねって腕を後方へ振り上げる、②投げる瞬間からフォロースルーでは、肩を内側（前側）にひねって腕を振り下ろすという動きをしています。

腕を振り下ろすパワー&スピードが上がり、球速アップ

　これらの動きのうち、特に②のパフォーマンス向上に肩甲下筋のトレーニングは非常に有効です。71ページにもあるように、肩甲下筋の主な機能は肩関節を内側（前側）に動かすことなので、肩から腕の〝前方への可動域〟が拡大し、腕を振り下ろすパワー&スピードが増し、球速アップにつながるのです。

　また、このパフォーマンスアップにより、球速には現れない「ドンと重い球」を投げられるようにもなっていくはずです。

リリースポイントが安定し目標への正確性が向上

肩甲下筋がサボリ筋になると、すぐそばにある小胸筋という筋肉などが過剰に働き、本来は肩甲下筋が果たすべき「肩を内側（前側）にひねる動き」をフォローし始めます。

そして、それらの筋肉は肩の前側に位置していることから、ガンバリ筋になって緊張・硬化することにより、肩は内側（前側）に入りづらくなり、肩が上がってしまいます（手投げになりやすい）。

すると、ボールなどを投げるリリースポイントやフォロースルーが不安定になったり、肩から腕の〝前方への可動域〟が狭くなったりと、投力が停滞・低下する原因になります。

しかし、肩甲下筋をトレーニングすれば、こうした問題を回避できるのです。むしろ、それらの機能が上がるので、目標への正確性＝コントロールがよくなることにもつながります。

2

肩周りのサボリ筋 上腕三頭筋のトレーニングのメリット

「ひじ下がり」を防いで
トップの位置が安定する

▶詳しい説明は81ページ

肩の後方への
可動域が広がり
腕の振りが大きくなる

▶詳しい説明は80ページ

「強い肩」になり
遠投の距離がアップする

肩の後ろ側の痛みや
野球ひじ・ゴルフひじの
予防・改善に有効
（特にサイドスロー・アンダースローでは、強い球に変わる）

長くボールを持てるようになり
カーブ・スライダー系のキレが増す

上腕三頭筋の主な機能

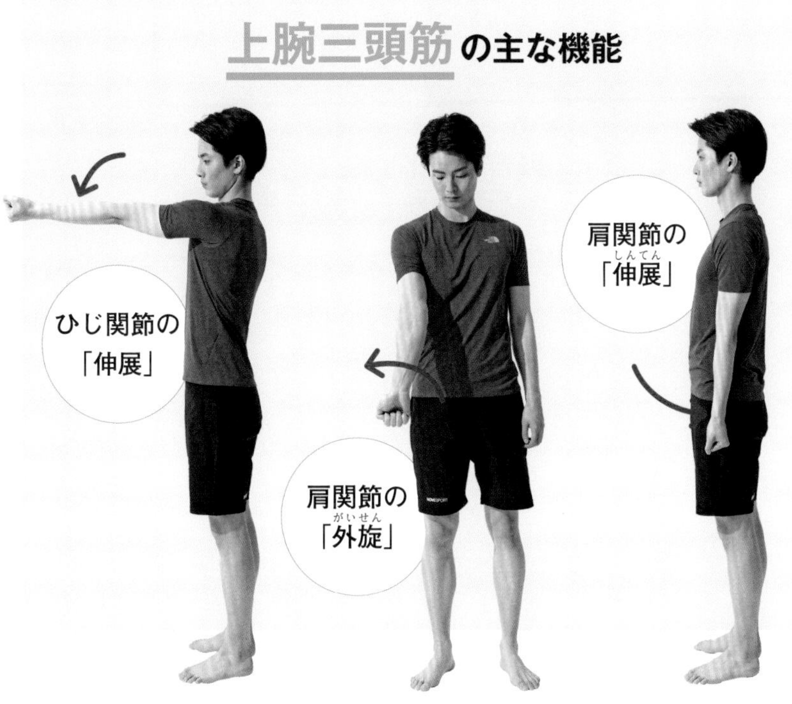

肩の動きにかかわる

サボリ筋 と ガンバリ筋

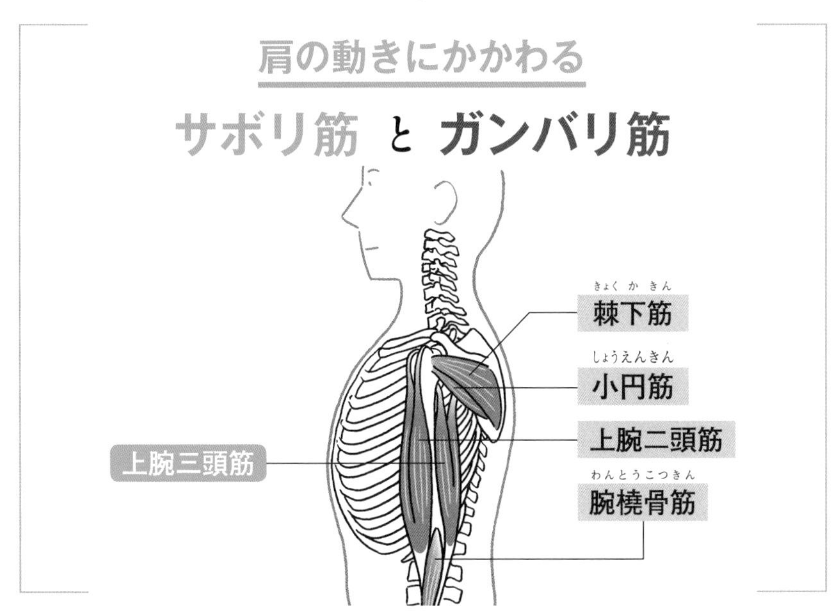

上腕三頭筋トレーニング

肩の後ろ側を支える力が効率的にアップし、腕の振りが大きくなる！「強い肩」にも！

1

**脇を締めて
手のひらを上に向ける**

肩幅程度に両脚を開いて立ち、右の脇を締めながら、手のひらを上に向ける。

※写真は、右腕の上腕三頭筋をトレーニングする場合

2

ひじを伸ばし手首を返しつつひねる

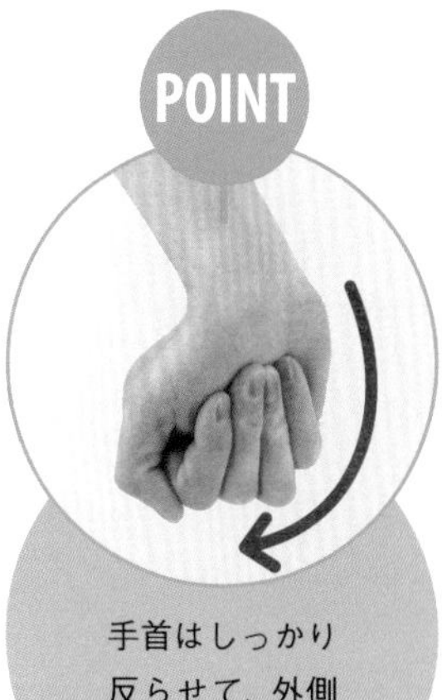

POINT

手首はしっかり反らせて、外側にひねること。

右ひじを前方にしっかり伸ばしながら、手を「グー」の形にして手首を手の甲側に曲げ、さらに外側へひねる。その状態を10秒間キープ。左腕でも、同様にトレーニングする。

脇を開けていたり、腕を体より後ろにしたり、肩を上げていたりすると、上腕三頭筋に力が入らないので要注意。

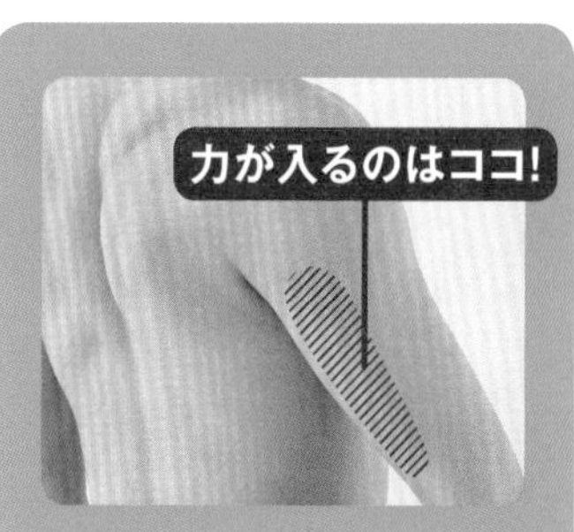

二の腕の後ろ側

上腕三頭筋は、肩甲骨や二の腕の骨（上腕骨）からひじまで伸びている。この範囲にきちんと力を入れるように意識すると効果的！

上腕三頭筋のサボリ筋トレーニングが効く秘密

BEFORE

AFTER

肩の後方への可動域が広がり腕の振りが大きくなる

74ページでご説明したボールなどを投げるときの肩から腕の動きの、「①振りかぶるときは、肩を外側（後ろ側）にひねって腕を後方へ振り上げる」という動作の向上に役立つのが、上腕三頭筋のトレーニングです。

この筋肉の主な働きとしてよく知られているのは、「ひじを伸ばす」「肩を後ろに伸ばす」という機能です。しかし実際は、「肩を外側（後ろ側）にひねる」ときにも重要な役割を果たしていて、肩関節の後ろ側を支えています。

ですから、上腕三頭筋がしっかり働くようになれば、肩を外側（後ろ側）にひねる動き＝後方へ動かせる可動域が拡大し、腕の大きな振りをスムーズに行えるようになります。

つまり、体がムチのようにしなるピッチングが可能な状態になっていきます。

BEFORE

AFTER

投球に良いとされている、三点が一直線になる

上腕三頭筋がサボっていると、ひじ関節の外側をまたいでいる腕橈骨筋や、二の腕の前面にある上腕二頭筋が緊張・硬化し、突っ張るようになっていきます。

すると、腕を大きく上げること自体がつらくなり始めます。投げる動作に当てはめると、「ひじの位置」も、「ボールなどを持つ〝トップ〟の位置」も、下がってしまうということです。

そのため、上腕三頭筋のトレーニングは、こうした問題の解消・予防に有効です。

また、上腕三頭筋がしっかり機能していれば、腕を大きく振り上げられ、体の後方への可動域が拡大するため、野球のボール・陸上競技のやりなど「投げるもの」を長く持つことになり、力がいっそう伝わりやすくなります。つまり、投げる距離がアップするということです。

投力向上をより確実にする
+α プラスアルファの「サボリ筋トレーニング」

「サボリ筋トレーニング」でここまで投球が変わる！

投力アップ 実例紹介

ソフトボール／女性・10代

ピッチングの球速が、80km/hから92km/hまでアップしました

野球／男性・10代

MAXで132km/hだった球速が144km/hになったので、ストレート勝負に自信がつきました

野球／男性・30代

プロで長年ピッチャーをしている中、30代からは一度も150km/hの球を投げられなくなっていたのですが、サボリ筋トレーニングの継続後はバンバン投げられるようになりました

「振力」を高めるために トレーニングすべきサボリ筋

振力

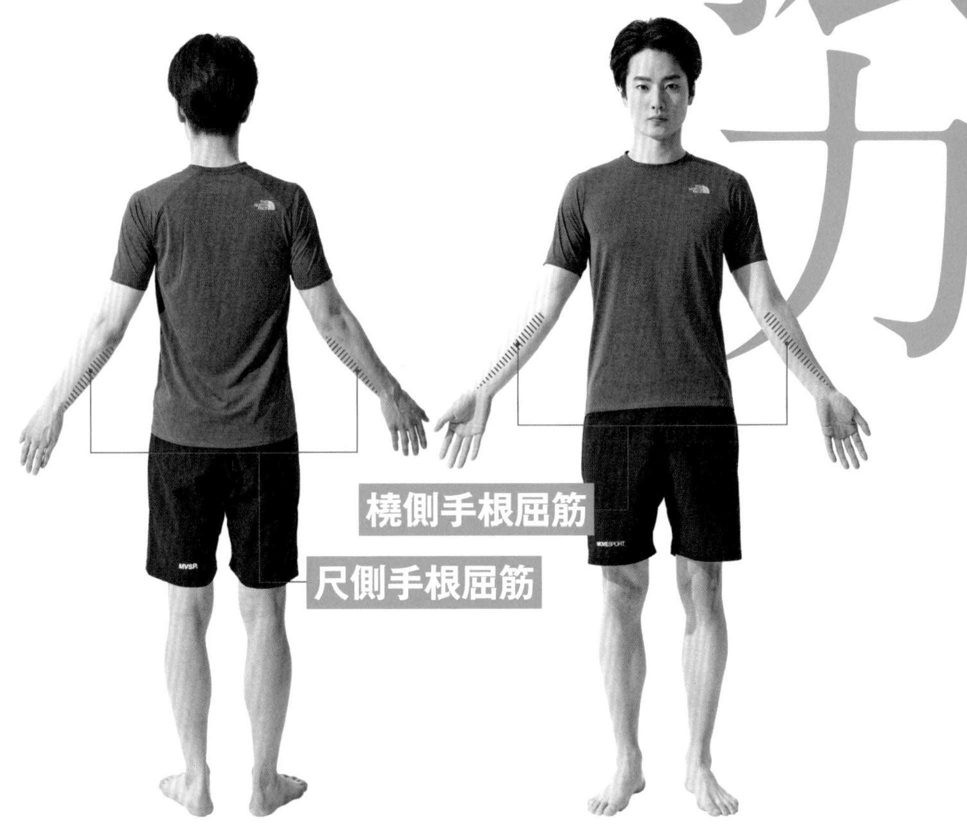

1 橈側手根屈筋

前腕には、ひじから手首の範囲に「2本の長い骨」があります。それらのうち、外側（親指側）にある長い骨が橈骨（とうこつ）です。そして、その橈骨に沿うように伸びているのが「橈側手根屈筋（とうそくしゅこんくっきん）」という筋肉で、手首・指の親指側を支えています。

2 尺側手根屈筋

前腕にある「2本の長い骨」のうち、1 橈側手根屈筋とは反対、つまり内側（小指側）には尺骨（しゃっこつ）という長い骨があり、その尺骨に沿うように伸びているのが「尺側手根屈筋（しゃくそくしゅこんくっきん）」です。こちらは、手首・指の小指側を支えています。

あらゆるスポーツの「振る場面」で

スムーズで安定したスイングになり、強く正確に球を打てるように！

1 手首・指周りのサボリ筋
橈側手根屈筋のトレーニングのメリット

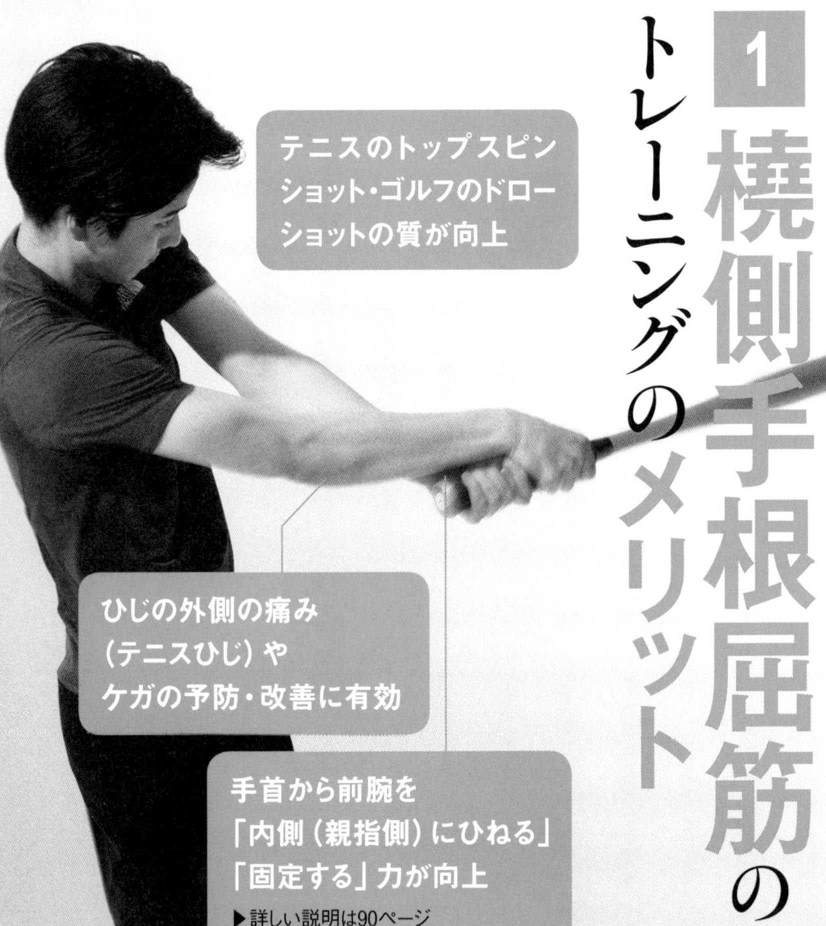

テニスのトップスピンショット・ゴルフのドローショットの質が向上

ひじの外側の痛み（テニスひじ）やケガの予防・改善に有効

手首から前腕を「内側（親指側）にひねる」「固定する」力が向上

▶詳しい説明は90ページ

打撃時のミート、テニスのフォアハンドの強さ・正確性が増す

▶詳しい説明は91ページ

橈側手根屈筋の主な機能

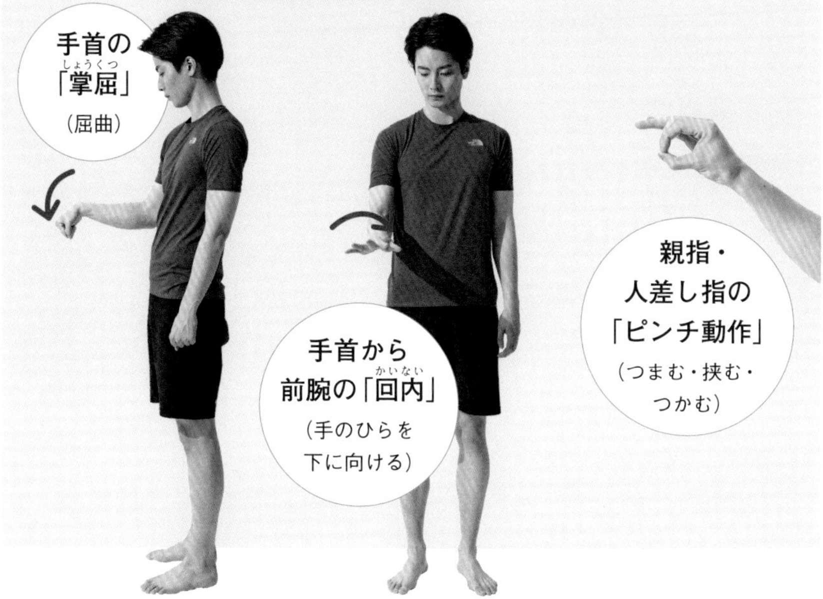

手首の「掌屈」
（屈曲）

手首から前腕の「回内」
（手のひらを下に向ける）

親指・人差し指の「ピンチ動作」
（つまむ・挟む・つかむ）

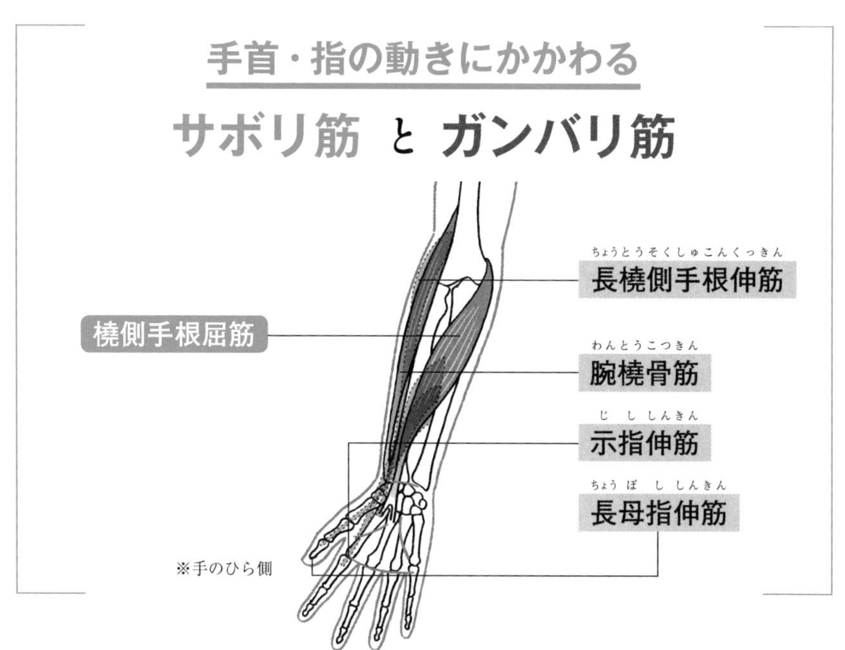

橈側手根屈筋トレーニング

手首・指の内側(親指側)を支える力を効率的にアップし、「打ち負けないスイング」を獲得する!

1

脇を締めて手を「グー」にする

肩幅程度に両脚を開き、右の脇を締めながら、手を「グー」の形にする。特に親指、人差し指、中指を強く握る。

POINT

「グー」の形を作る際、人差し指から小指の4本は第2関節を曲げて第1関節を伸ばし、親指は人差し指の上から押すようにすること。

※写真は、右手の橈側手根屈筋をトレーニングする場合

2

手首を真下に曲げる

手首を手のひら側に向けて真下に曲げ、その状態を10秒間キープ。左腕でも、同様にトレーニングする。

脇を開けていたり、手首を内側（自分の体の方向）に曲げたり、肩を上げていたりすると、橈側手根屈筋に力が入らないので要注意。

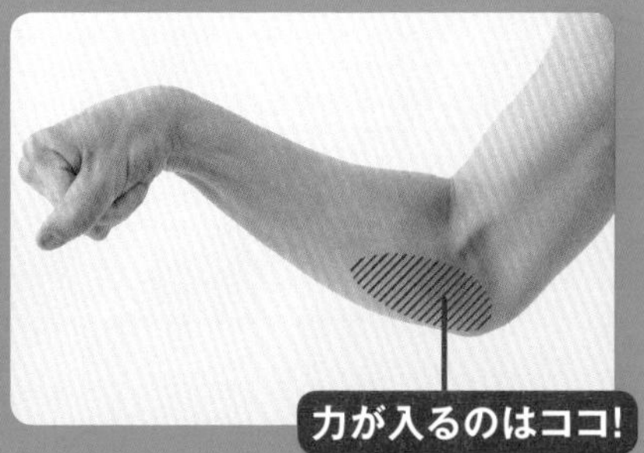

前腕の内側

橈側手根屈筋は、ひじの内側（二の腕の骨＝上腕骨の下端の内側）から、前腕の内側（親指側）を通り、最終的には手のひら側の人差し指・中指の根元まで伸びている。この範囲にきちんと力を入れるように意識すると効果的！

橈側手根屈筋のサボリ筋トレーニングが効く秘密

AFTER

バット・クラブ・ラケットなどの〝棒状のもの〟を両手で持って振るとき、手首はかなり複雑な動きをしています。「右打ち」の人の右手なら、①振り出しからインパクトまでは「手のひらを上に向ける動き」、②インパクトの瞬間は固定&安定、③その直後からフォロースルーでは「手のひらを下に向ける動き」をしています。しかも、このときの左手のほうは、同時に正反対の動きをしています。

手首から前腕を「内側（親指側）にひねる」「固定する」力が向上

橈側手根屈筋は、手首の安定はもちろん、右手の手首を内向き（反時計回り）にひねる（下に向ける）動作をする際にも働く筋肉です。そのため、きちんとトレーニングすると、上記したスイングの流れでの「右手の②と③」「左手の①と②」の動きの質が必然的に向上し、ひじに余計な負荷をかけずにも済むのです。

打撃時のミート、テニスのフォアハンドの強さ・正確性が増す

右ページでご説明したメカニズムによって、振る力&ボールを打つ力は当然強くなり、正確性も高くなります。特に、橈側手根屈筋が右手の手首を内向き（反時計回り）にひねる（下に向ける）ときにメインで働く筋肉であることを考えると、テニスのフォアハンドで打ち返すときなどに、相手からのボールの勢いに負けず、さらに従来以上のクオリティーのトップスピン系のショットを生み出しやすくなります。

また、野球のバッティングでもボールに押し込まれにくくなり、ゴルフならドローショットの質が上がりやすくなります。

「こうやって振りたい、打ちたい」と考えていた動きをそのまま実現でき、これまでよりワンランク上のパワーと正確性、ボールの回転などを生み出せる状態になるわけです。

2 尺側手根屈筋のトレーニングのメリット

手首・指周りのサボリ筋

手首を
「外側（小指側）にひねる」
「固定する」力が高まる

▶詳しい説明は96ページ

ひじの内側の痛み
（野球ひじ・ゴルフひじ）や
ケガの予防・改善に有効

ゴルフクラブ・
バット・ラケットを
握る力、握力が高まる

打撃時の引き手、
ゴルフショットの
フォロースルーの質向上

▶詳しい説明は97ページ

ゴルフのフェードショット、
テニスのスライス&カット系
ショットの質が向上

尺側手根屈筋の主な機能

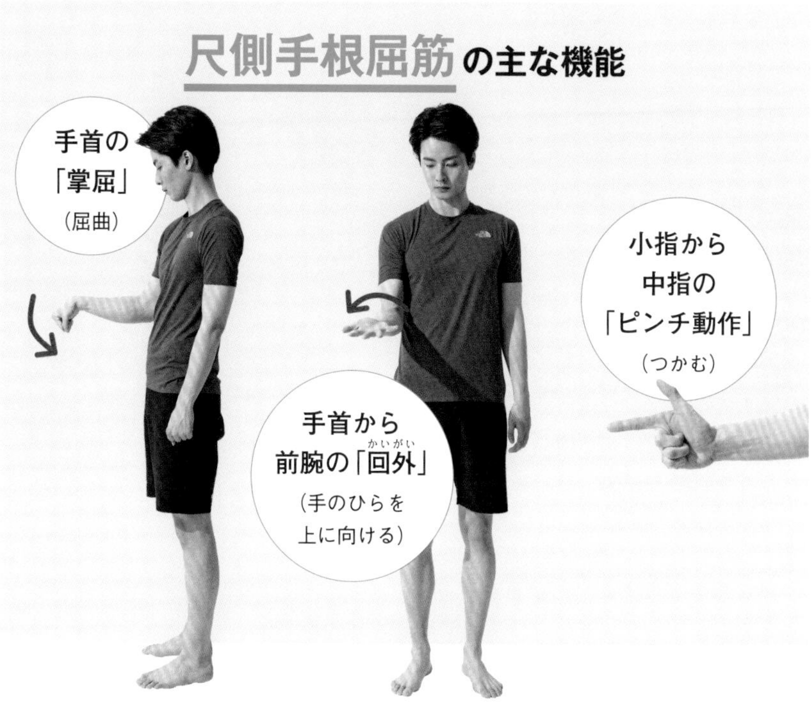

手首の
「掌屈」
（屈曲）
小指から
中指の
「ピンチ動作」
（つかむ）
手首から
前腕の「回外（かいがい）」
（手のひらを
上に向ける）

手首・指の動きにかかわる
サボリ筋 と ガンバリ筋

尺側手根屈筋
長母指外転筋（ちょうぼしがいてんきん）
短母指伸筋（たんぼししんきん）
※手の甲側

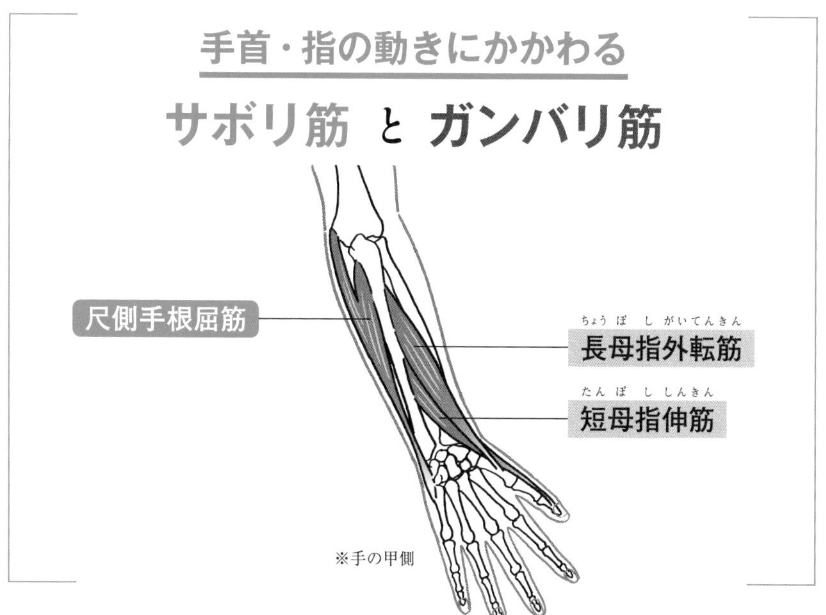

尺側手根屈筋トレーニング

手首・指の外側（小指側）を支える力を効率的にアップし、打つ球を強く正確に飛ばせるようになる！

1

胸の前の高さで手を「グー」にする

肩幅程度に両脚を開き、右腕を軽く曲げ、胸の前の高さで手のひらを前方に向けてから「グー」の形を作る。特に小指、薬指、中指を強く握る。

POINT

「グー」の形を作る際、人差し指から小指の４本は第２関節を曲げて第１関節を伸ばし、親指は人差し指の上から押すようにすること。

※写真は、右手の尺側手根屈筋をトレーニングする場合

2

手首を真正面に曲げる

手首を手のひら側の前方真正面に曲げ、その状態を10秒間キープ。左腕でも、同様にトレーニングする。

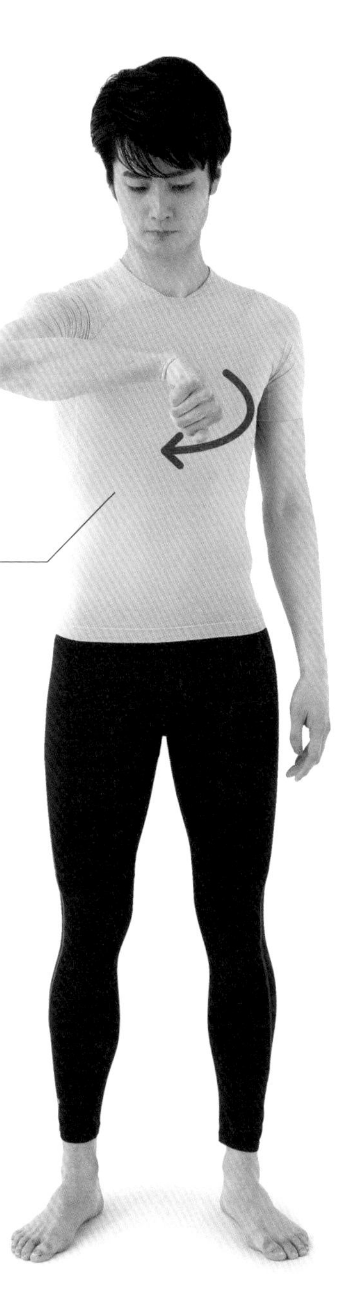

手首を地面・床の方向に曲げたり、肩を上げていたりすると、尺側手根屈筋に力が入らないので要注意。

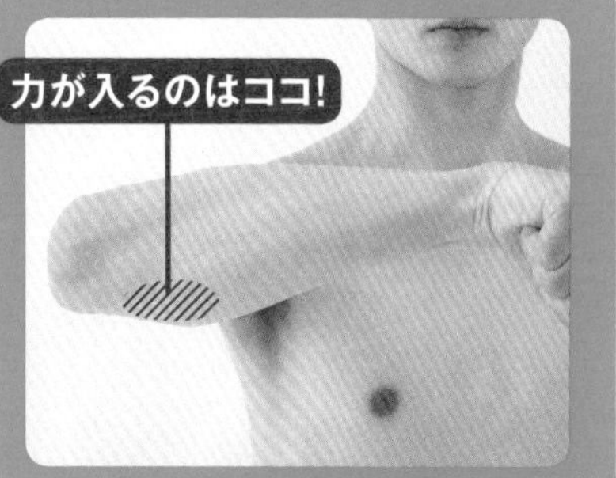

前腕の外側

尺側手根屈筋は、ひじの内側（二の腕の骨＝上腕骨の下端・尺骨の上端）から、最終的には手のひら側の小指の根元などにまで伸びている。この範囲にきちんと力を入れるように意識すると効果的！

尺側手根屈筋のサボリ筋トレーニングが効く秘密

AFTER

BEFORE

手首を「外側（小指側）にひねる」「固定する」力が高まる

尺側手根屈筋と「振る動き」の関係は、90ページとあわせて読んでいただくとわかりやすいと思います。

尺側手根屈筋のほうは、手首の安定はもちろん、右手の手首を外向き（時計回り）にひねる（上に向ける）動作の際にメインで働く筋肉です。そのため、きちんとトレーニングすれば、上の写真のような両手でのバックハンドを打つ場合に、「振り出しからインパクトまでは左手」「インパクト直後からフォロースルーでは右手」の尺側手根屈筋がきちんと機能し、インパクトの瞬間は2つの筋肉で手首をしっかり固定できるようになります。

同じ体勢でシングルハンドで打つと、インパクトの瞬間と、その直後からフォロースルーのパワー&質の向上が実感しやすいでしょう。

走力
跳力
蹴力
投力
振力
泳力

打撃時の引き手、ゴルフショットのフォロースルーの質向上

　では、ゴルフのショット・野球のバッティングで、「右打ち」をするときの動きと、尺側手根屈筋の関係も見ておきましょう。

　注目したいのは、左手の動きです。野球でもゴルフでも重要性をよく指摘されている引き手・フォロースルーの動きを、スムーズかつ安定して行うには、尺側手根屈筋が担う「左手の手首を外向き（反時計回り）にひねる（上に向ける）」という動きがポイントになっているとよくわかるはずです。

　また、尺側手根屈筋のトレーニングを行うと、特に手の小指・薬指の力と機能がアップするので、握力が強くなっていきます。これが、バット・クラブ・ラケットを握って振るスポーツにメリットがあることは、説明するまでもないでしょう。

振力向上をより確実にする +α プラスアルファの「サボリ筋トレーニング」

肩甲下筋(けんこうかきん) & 上腕三頭筋(じょうわんさんとうきん)のトレーニング

72ページ参照

78ページ参照

よりダイナミックなスイング&強いインパクトに

腸腰筋(ちょうようきん) & 多裂筋(たれつきん)・腹横筋(ふくおうきん)のトレーニング

24ページ参照

30ページ参照

“へっぴり腰スイング”を解消し、全身の力が乗る

「サボリ筋トレーニング」でここまで振りが変わる！

振力アップ 実例紹介

野球／男性・20代

プロになってからサボリ筋トレーニングを始め、長年の肩の痛みや腰痛を克服。しかも、バッティングのヘッドスピードが、測定器の上限値を超えるほどまでアップしました

テニス／女性・50代

月に1回はガットを張り替えないといけないほど、ショットのパワーが明らかにアップ

ゴルフ／男性・40代

ドライバーの飛距離が250ヤードから320ヤードになり、ドラコンプロの認定を受けました

「泳力」を高めるために
トレーニングすべきサボリ筋

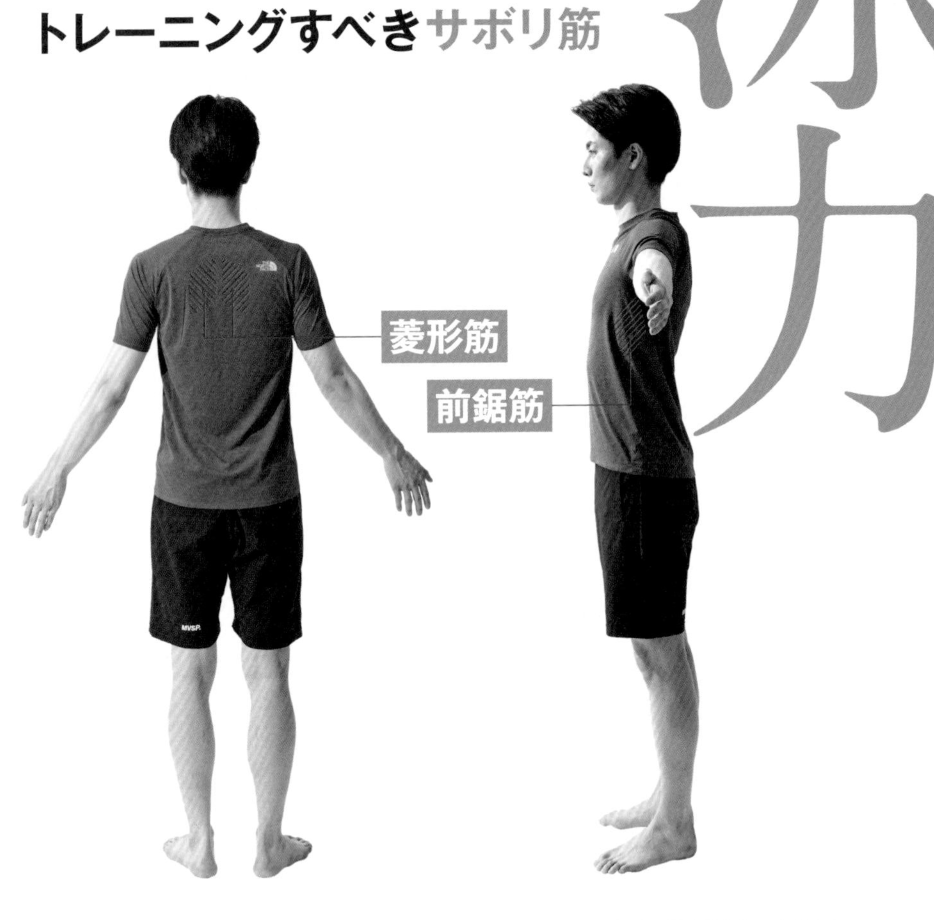

1 前鋸筋

「前鋸筋」は、肩甲骨と肋骨の間に伸びていて、肩甲骨を外側で支えています。ひとことで言えば、両脇の下にある筋肉で、腕を「前に突き出すとき」「振り下ろすとき」などに肩甲骨を外側へ開き、体の前から上の範囲に腕を動かすときに主に働きます。

2 菱形筋

「菱形筋」は、背骨の胸の部分（胸椎）と、左右の肩甲骨との間にあり、肩甲骨を後ろ側で支えている筋肉です。その名の通り、「ひし形」の形をしていて、肩甲骨を内側に引き寄せ、腕を下から後ろの範囲に動かすときに主に働きます。

あらゆる種類の「泳ぐ場面」で

最大限の推進力を得るとともに、余計なロスを最小限にする！

1 肩甲骨周りのサボリ筋 前鋸筋のトレーニングのメリット

巻き肩や背中の痛み、
ストレートネックの
予防・改善に有効

特に、クロールの
パフォーマンス
アップに直結

キャッチの手の位置が
より前方に位置し、
パワーもアップ

▶詳しい説明は106ページ

パワフルなプルを実現し
推進力が向上する

▶詳しい説明は107ページ

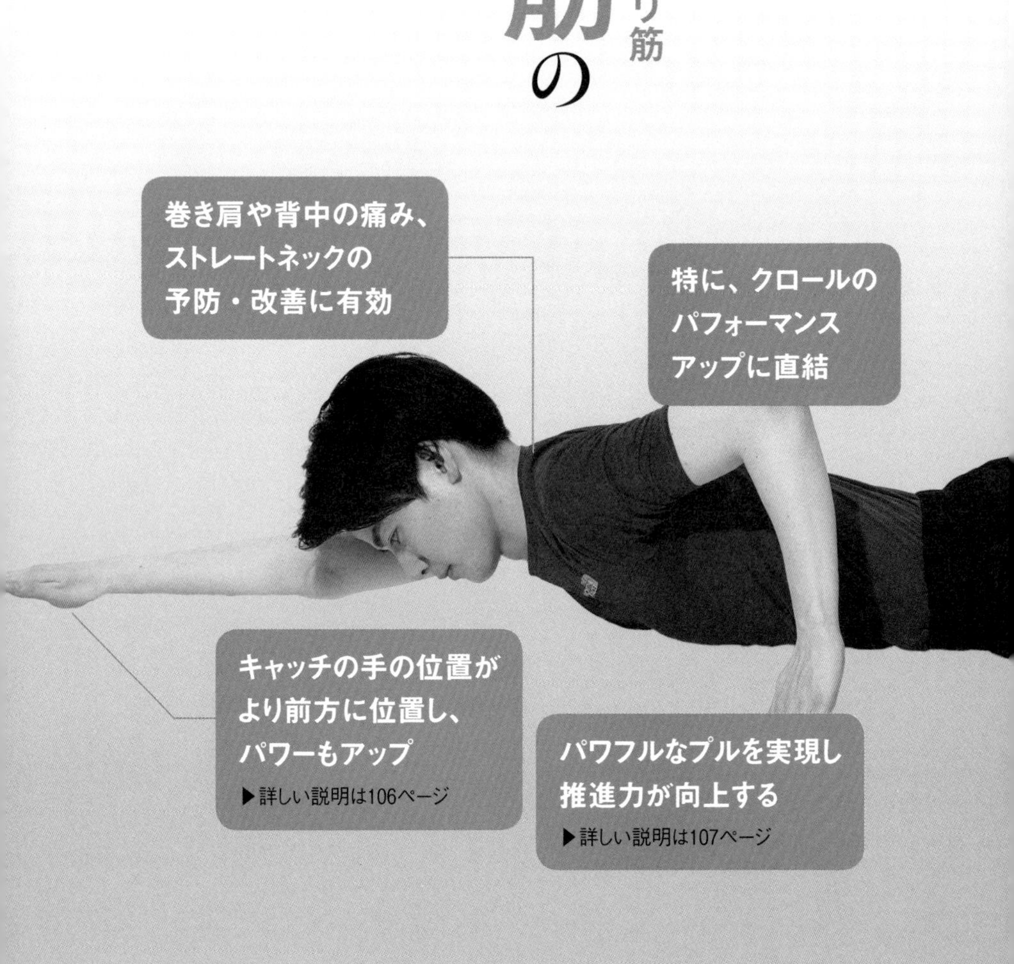

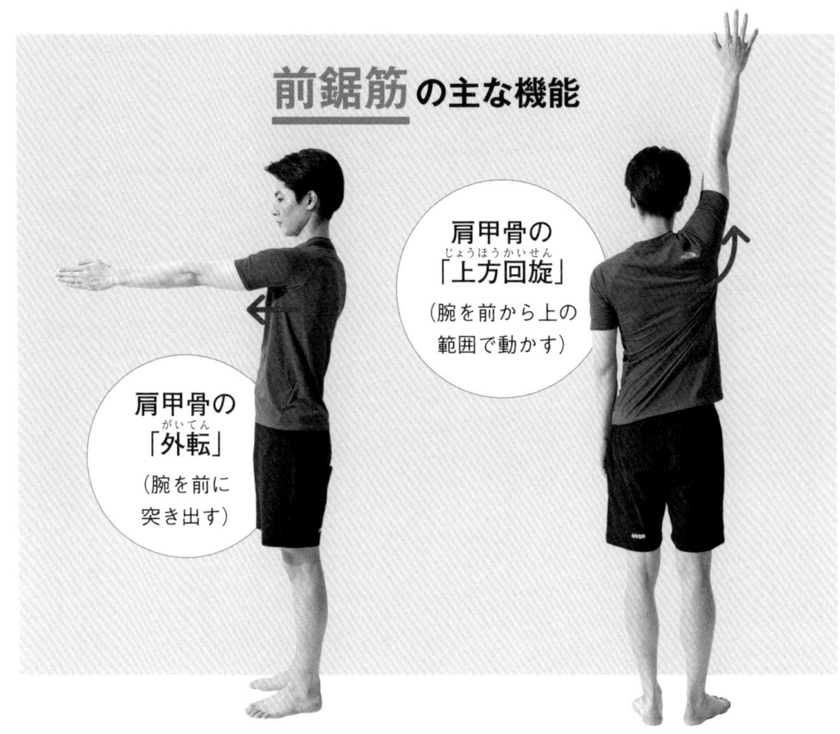

肩甲骨の動きにかかわる

サボリ筋 と ガンバリ筋

前鋸筋トレーニング

肩甲骨の前側を支える力を効率的にアップし、「キャッチ→プル」の動きの質が高まる！

1

片腕を上げ 指先を自分に向ける

肩幅程度に両脚を開いて立ち、右腕を上げてひじを曲げ、体の正面で指先を自分の体のほうに向ける。

※写真は、右側の前鋸筋をトレーニングする場合

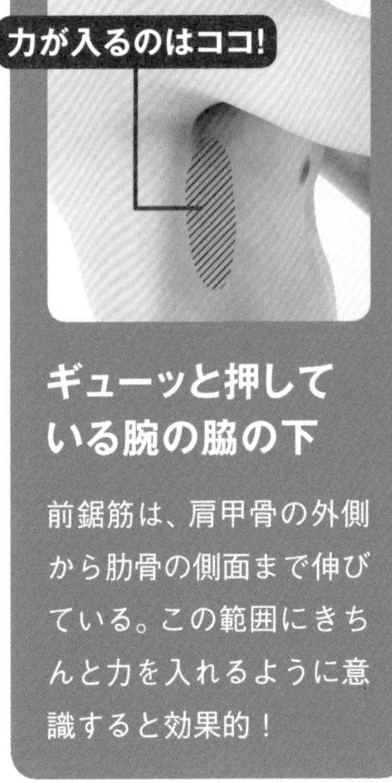

力が入るのはココ!

ギューッと押している腕の脇の下

前鋸筋は、肩甲骨の外側から肋骨の側面まで伸びている。この範囲にきちんと力を入れるように意識すると効果的！

2

両手のひらを合わせ ギューッと押す

右手のひらと左手のひらを合わせ、右腕で左腕を押した状態を10秒間キープ。左右の腕&手のひらを入れ替えて、同様にトレーニングする。

肩が上がったり、手のひらが地面・床を向いたりすると、前鋸筋に力が入らないので注意。

POINT

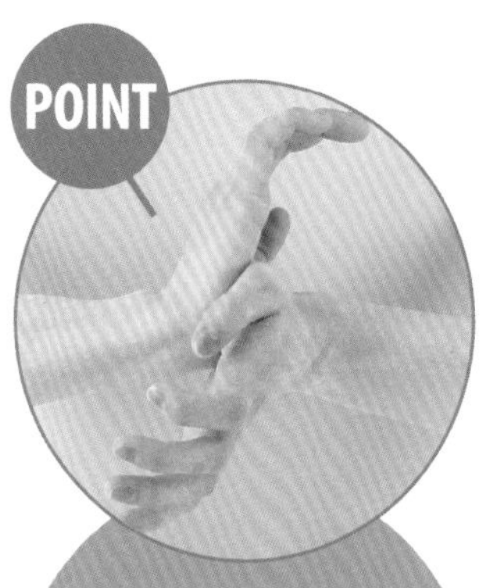

両手のひらを合わせるときは、右手のひらの根元の部分（手根骨（しゅこんこつ）の位置）に、左手のひらの根元の部分を合わせること。

前鋸筋のサボリ筋トレーニングが効く秘密

前鋸筋は、左右の肩甲骨の外側についています。シンプルに言うと、両腕の脇の下にある筋肉です。この筋肉がサボらずにきちんと働けば、肩甲骨はきちんと外側に開きます。

これは、前鋸筋がサボっていたときと比べて、腕がいっそう前から上に動くようになるということです。なぜなら、二の腕の骨（上腕骨）は、肩の関節（肩甲上腕関節）で肩甲骨と接続しているからです。

キャッチの手の位置がより前方に位置し、パワーもアップ

そのため、以前よりも肩甲骨が体の外側方向へ動くぶんだけ、腕は前から上の範囲でいっそう先の位置まで届くようになるのです。

すると、泳ぐときのキャッチの位置が、従来よりも自然と前のところに届くようになり、〝より先の水〟を手のひらでとらえ続けられるようになります。

パワフルなプルを実現し推進力が向上する

前鋸筋は、腕を体の前から上の範囲に動かす際に主に働く筋肉です。きちんと機能して肩甲骨をグッと外側に動かすことができれば、腕を振り下ろせる範囲が拡大します。

この動きを、クロールなどで泳ぐときの「横向きの姿勢」に置き換えてみましょう。すると、自分の体の「上」は進行方向になり、その動きの範囲の拡大が前ページの内容になっていることがわかります。さらに、前鋸筋は立ち姿勢での体の「前」の範囲でも働くので、クロールでは従来以上に深い位置で腕を動かせるので、水中で水を胸下へ引き寄せる「プル」の質向上にもメリットが大きいとわかります。

つまり、キャッチからプルの動きがダイナミックかつパワフルになり、泳ぎの推進力アップにつながるということです。

2
肩甲骨周りのサボリ筋 菱形筋のトレーニングのメリット

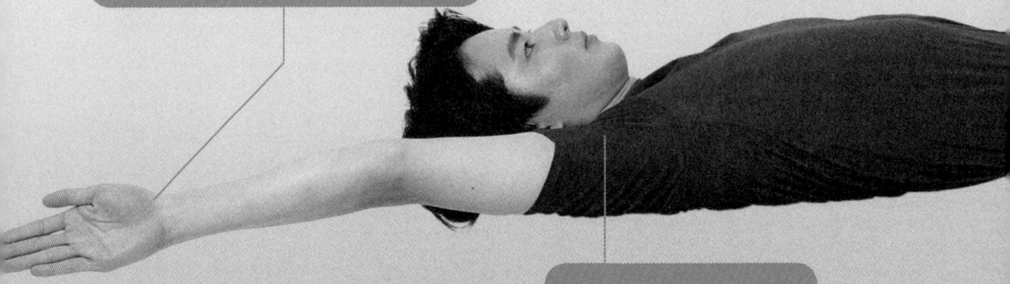

特に、バタフライ・背泳ぎのパフォーマンスアップに直結

プッシュのパワーが高まり体を前進させる駆動力が増す

▶詳しい説明は112ページ

首や肩の張りの予防・改善に有効

スムーズなリカバリー、速く強いストロークが可能

▶詳しい説明は113ページ

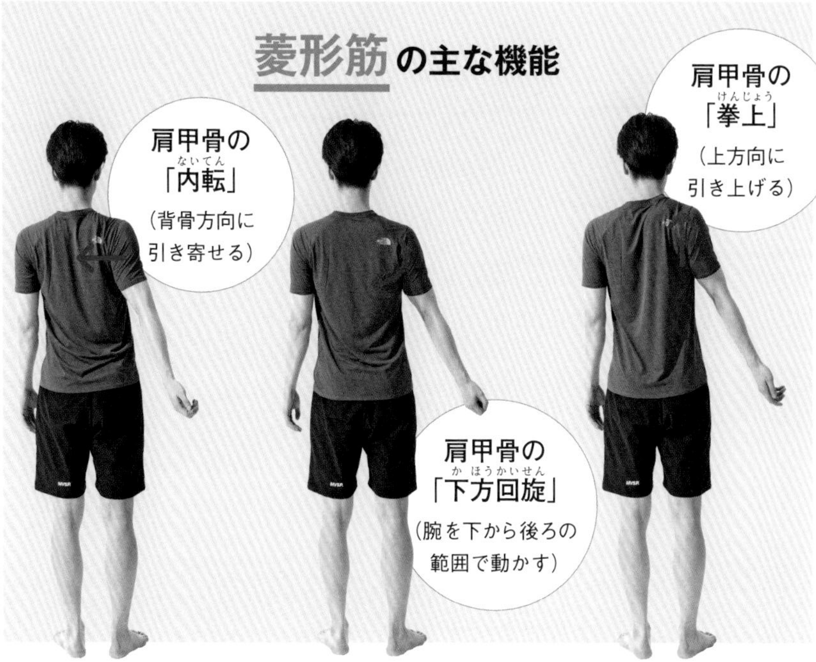

菱形筋の主な機能
肩甲骨の「内転（ないてん）」
（背骨方向に引き寄せる）
肩甲骨の「下方回旋（かほうかいせん）」
（腕を下から後ろの範囲で動かす）
肩甲骨の「拳上（けんじょう）」
（上方向に引き上げる）

肩甲骨の動きにかかわる
サボリ筋 と ガンバリ筋

菱形筋
頭板状筋（とうばんじょうきん）
胸鎖乳突筋（きょうさにゅうとつきん）
肩甲挙筋（けんこうきょきん）

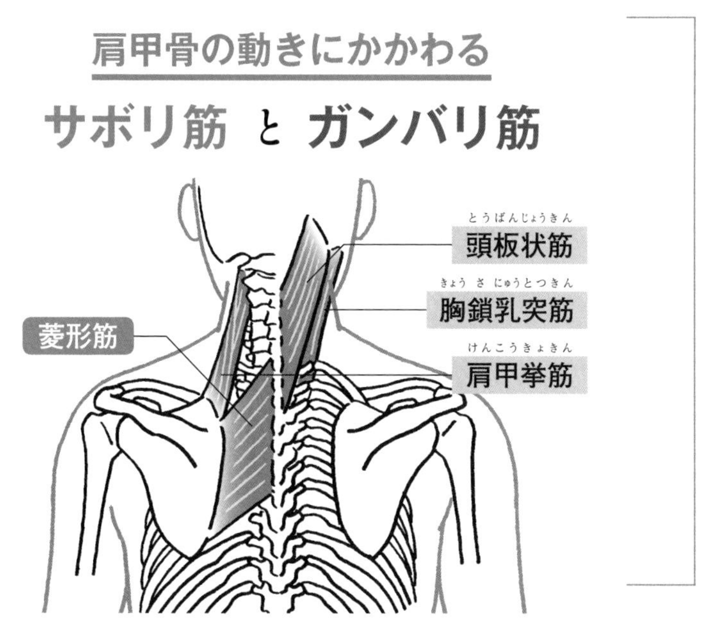

菱形筋トレーニング

肩甲骨の後ろ側を支える力を効率的にアップし、「プッシュ→リカバリー」の動きもよくなる！

1

片腕を上げ手のひらを上に向ける

肩幅程度に両脚を開いて立ち、右腕を真っ直ぐ伸ばしながら、"体の側面の方向"に軽く上げる。

手のひらは、時計回りに回したうえで、垂直（天井の方向）よりも後ろを向くようにすること。

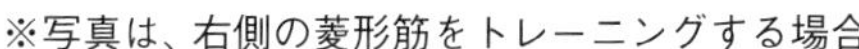

※写真は、右側の菱形筋をトレーニングする場合

2

腕だけを後方にグーッと引く

右半身に軽く重心を移動させながら、体はひねらずに、右腕だけを背中に沿って後方にグーッと引いた状態を10秒間キープ。左腕でも、同様にトレーニングする。

ひじが曲がったり、手のひらが前方を向いたりすると、肩・腕に力が入り、効果が出ないので注意。

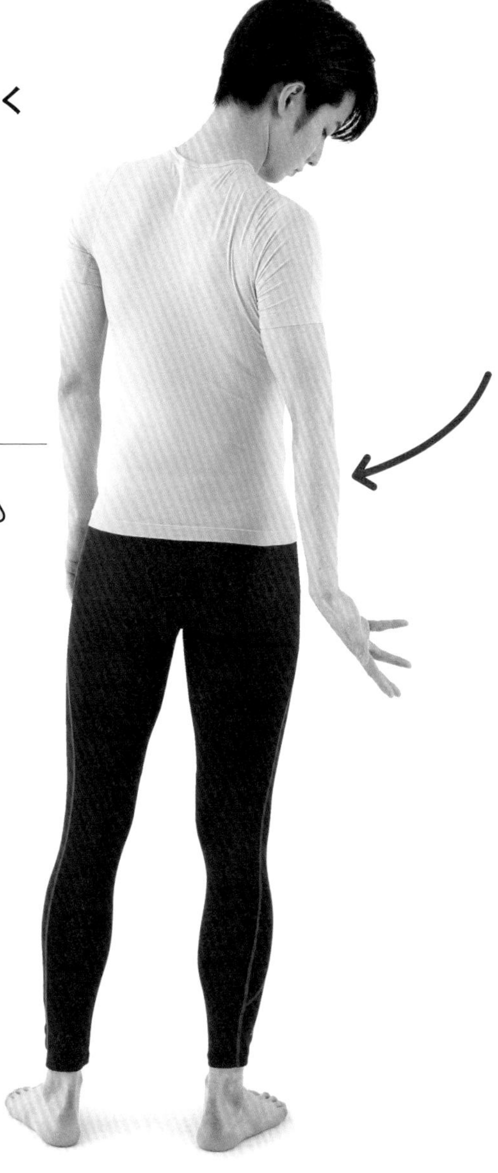

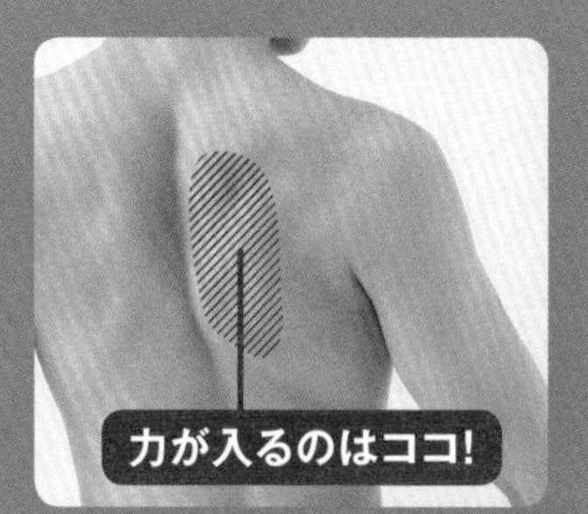

動かす腕の側の肩甲骨・背骨の間

菱形筋は、体の後ろ側中央にある背骨から、左右の肩甲骨まで伸びている。この範囲にきちんと力を入れ、肩甲骨を背骨に近づけるようなイメージで行うと効果的！

菱形筋のサボリ筋トレーニングが効く秘密

プッシュのパワーが高まり体を前進させる駆動力が増す

菱形筋は、左右の肩甲骨と背骨の間にある筋肉なので、しっかり機能すれば、左右の肩甲骨は内側（背骨方向）にグッと引き寄せられます。すると、肩の関節（肩甲上腕関節）で肩甲骨と接続している二の腕の骨（上腕骨）は、体の下から後ろの範囲でスムーズに大きく動くことができます。

これをクロールなどの〝うつぶせのような姿勢〟に当てはめると、水中で腕全体を使って水を体の後方に押し出すプッシュの動きに相当します。つまり、プッシュのパワーが高まり、体を前進させる駆動力が増すということです。

一方、背泳ぎでの〝仰向けのような姿勢〟に当てはめると、キャッチの位置が以前よりも前方まで届き、プルがパワフルになることを意味しています。

スムーズなリカバリー、速く強いストロークが可能

クロールやバタフライなどの〝うつぶせのような姿勢〟でのストロークをみると、プッシュの次の動き＝後ろにかいた手を水面から出しながら前に戻すリカバリーでも、菱形筋のトレーニングは大きなメリットをもたらします。

サボっていた菱形筋が働くことで、胸の前あたり（水中の真下）から体の後方（水面の外）の範囲で、以前よりも腕をスムーズに動かせるようになり、スピーディーなリカバリーで〝次のキャッチ〟にいち早く入れるからです。

また、菱形筋がサボっていると、首の側面から斜め後方にある肩甲挙筋がガンバリ筋になりやすく、首を左右に振りづらくなります。すると、クロールであれば、息継ぎの動きにロスが生まれかねません。そんな事態も避けることができます。

泳力向上をより確実にする

+α プラスアルファの「サボリ筋トレーニング」

肩甲下筋(けんこうかきん) & 上腕三頭筋(じょうわんさんとうきん)のトレーニング

72ページ参照

78ページ参照

▼

肩甲骨・肩・腕周りの筋肉の連携が高まる

腸腰筋(ちょうようきん) & 多裂筋(たれつきん)・腹横筋(ふくおうきん)のトレーニング

24ページ参照

30ページ参照

▼

完璧なストリームラインで、水の抵抗を最小限に

「サボリ筋トレーニング」で ここまで泳ぎが変わる！

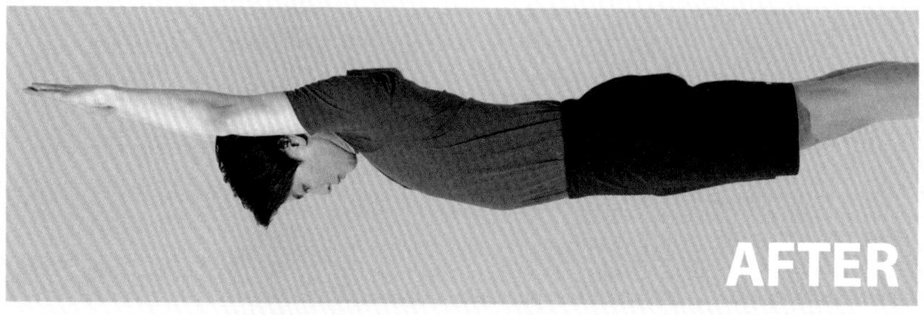

泳力アップ 実例紹介

水泳／男性・10代

全身の体の左右のバランスが均等になり、泳ぐうちに右に寄ってしまう癖を克服。タイムも、200m個人メドレーで7秒、100m平泳ぎで3秒、自己ベストを更新できました

水泳／女性・10代

100m背泳ぎで自己ベストを1.3秒縮めて、県の新記録を樹立。インターハイに出場しました

水泳／男性・10代

自由形での自己ベストのタイムを、50mで0.20秒、100mでは2.09秒も短縮できました

サボリ筋トレーニング 知っておきたいQ&A

Q トレーニング中に「つりそう」と感じたら、やめていい?

「その反応がどこで起きているのか」を見極めて、以下のような工夫をしてください。

●サボリ筋が「つりそう」

普段働いていない「サボリ筋」に力を入れて、弱い筋肉を収縮させているために「つりそう」になっています。ひと休みしつつ、そのままトレーニングを継続しましょう。

●ガンバリ筋が「つりそう」

トレーニングのやり方が間違っていて、これまで酷使してきたガンバリ筋をさらに働かせている可能性があります。第2章を読み返し、本来のターゲットであるサボリ筋をきちんと鍛えられるように意識しながらトレーニングを再開してください。

Q 痛いときはトレーニングをやめるべき?

ご自分の体を観察し、痛みのレベルと相談しながら工夫をしていきましょう。

●トレーニング後にサボリ筋が痛い

普段使わないサボリ筋に力を込めたことによる"正しい筋肉痛"です。痛みがひどければ無理に続ける必要はありませんが、通常の筋肉痛程度の痛みであれば、様子を見ながらトレーニングを継続してください。

●トレーニング中に関節が痛い

サボリ筋ではなく関節に痛みを感じる場合は、トレーニングのやり方が間違っているかもしれません。ガンバリ筋に力が入っている可能性があるので、第2章を読み返し、本来のターゲットであるサボリ筋を意識しながらトレーニングを再開してください。

※骨折による体が動かせないほどの痛みや、ケガによる炎症・腫れがひどく少し動かすだけでも激痛が走る場合は、サボリ筋トレーニングの休止を。医師の指示に従い、トレーニングを再開してください。

第３章

もっと効く！

セルフチェック
&
サーキットトレーニング

さらに効果・効率を高めるメソッド公開！

トレーニングの効果と効率を高め、誰もが「自分史上最高のパフォーマンス」を発揮できるように考案したメソッドを最後にお伝えしましょう。

それは、次の2つを行うだけで実現できます。

サボリ筋トレーニングの効果を知る

❶ セルフチェック

（120〜121ページ参照）

すべてのサボリ筋トレーニングを行う

❷ サーキットトレーニング

（122〜125ページ参照）

❶のセルフチェックは、上半身用・下半身用の2種類を用意しています。これらを行えば、サボリ筋トレーニング

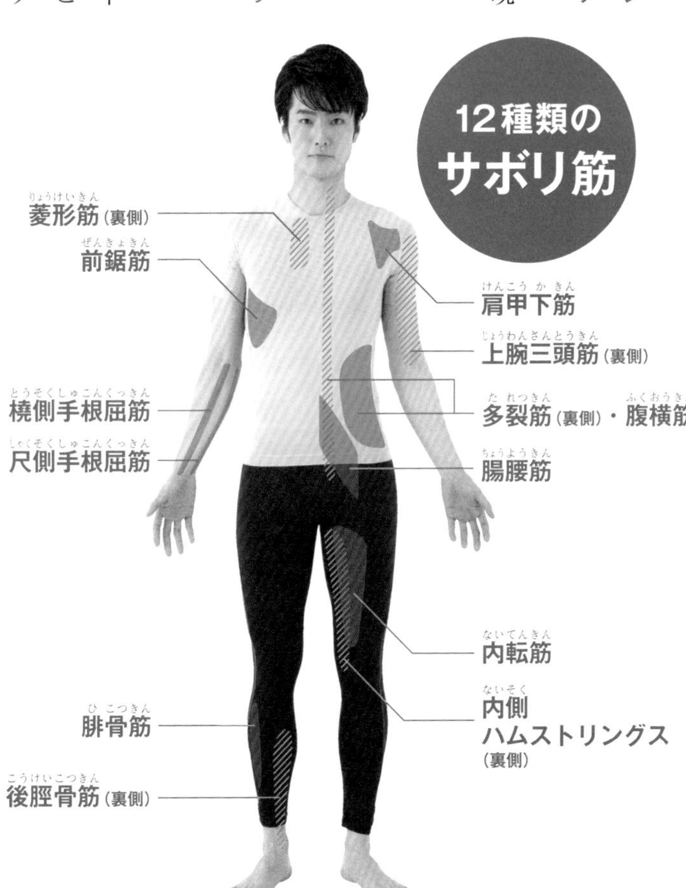

を実践した結果、「きちんと効果を得られているのか否か」がわかります。

実は、全12種類のサボリ筋は、屈曲（くっきょく）など体を曲げる性質が主の「屈筋群（くっきんぐん）」、伸展（しんてん）など体を反らす性質が主の「伸筋群（しんきんぐん）」に大別されます（下図を参照）。こうした性質をもとに考えた2種類のテストなので、**最も簡単にトレーニングの効果・体の変化がわかります。**

❷のサーキットトレーニングは、すべてのサボリ筋トレーニングを行う際に、最大の効果を得られるように組み合わせたメニューです。サボリ筋どうしの連携、ガンバリ筋との関係、支えている関節、体の動き方を考慮し、**「効率的かつ大幅に上達できる状態」「向上した能力をフルに繰り出せる状態」**に体を整えるので、練習や試合の前にぜひ行ってみてください。

体の変化を知るための「サボリ筋」と分類表

	屈筋群		伸筋群
上半身	前鋸筋	「泳力」向上のトレーニング	菱形筋
	肩甲下筋	「投力」向上のトレーニング	上腕三頭筋
	橈側手根屈筋	「振力」向上のトレーニング	尺側手根屈筋
下半身	腸腰筋	「走力」向上のトレーニング	多裂筋・腹横筋
	内側ハムストリングス	「蹴力」向上のトレーニング	内転筋
	後脛骨筋	「跳力」向上のトレーニング	腓骨筋

トレーニングの効果を セルフチェック ✓

上半身編

A 「体の前側」で、腕を合わせたまま上げる

立った姿勢で両手を「グー」にして、胸の前で両腕の側面を合わせ、できるだけ上（頭上方向）へ上げる。

B 「体の後ろ側」で、拳を合わせたまま上げる

立った姿勢で両手を「グー」にして、腰の後ろで拳どうしを合わせ、できるだけ上（頭上方向）へ上げる。

判定の目安（119ページの表を見ながら判定します）

Ａの動作は「上半身の屈筋群」にある筋肉の機能と関係し、Ｂの動作は「上半身の伸筋群」にある筋肉と関係しています。希望する能力向上に沿った２つのサボリ筋トレーニングを行えば、Ａ・Ｂどちらの動作も、トレーニング前より「やりやすくなった」「動きやすくなった」と感じるはず。それこそが、サボっていた筋肉が働き始めた証拠です。

トレーニング効果を【上半身／下半身】別にチェックできるテストです。
各種サボリ筋トレーニングを実践する「前」と「後」に、セルフチェックを行って、
トレーニング前後での「やりやすさ」を比較しよう！

下半身編

B「後屈」をする

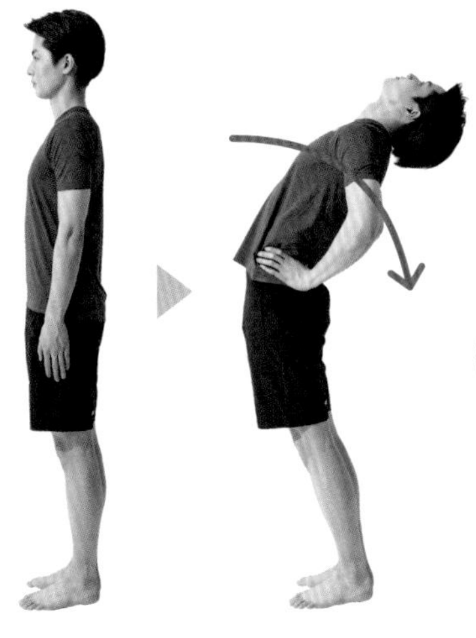

立った姿勢で「後屈」をして、
体をできるだけ後方へ反らす。

立った姿勢で「前屈」をして、
体をできるだけ前方へ曲げる。

判定の目安（119ページの表を見ながら判定します）

Aの動作は「下半身の屈筋群」にある筋肉の機能と関係し、Bの動作は「下半身の伸筋群」にある筋肉と関係しています。希望する能力向上に沿った２つのサボリ筋トレーニングを行えば、A・Bどちらの動作も、トレーニング前より「やりやすくなった」「動きやすくなった」と感じるはず。それこそが、サボっていた筋肉が働き始めた証拠です。

すべてのサボリ筋を“流れ”で鍛える

サーキットトレーニング 上半身編

1

肩甲骨(けんこうこつ)周りの
サボリ筋❶
前鋸筋
トレーニング

➡104ページ

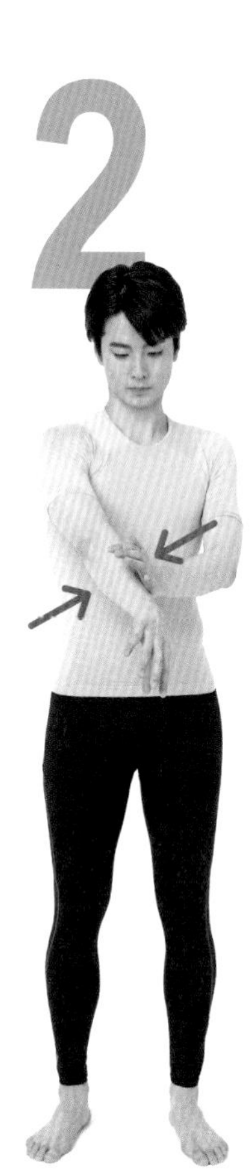

2

肩周りの
サボリ筋❶
肩甲下筋
トレーニング

➡72ページ

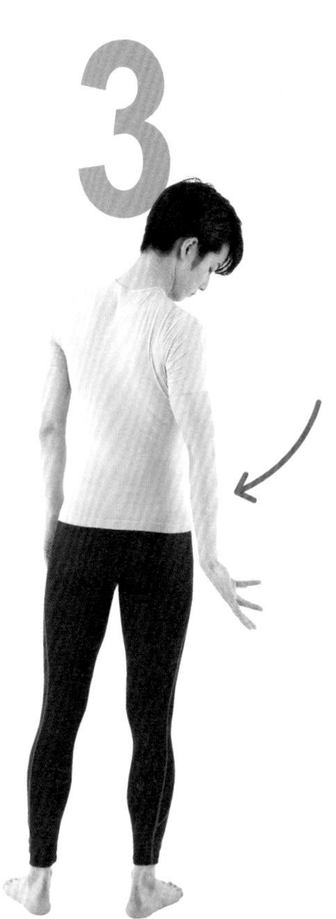

3

肩甲骨周りの
サボリ筋❷
菱形筋
トレーニング

➡110ページ

サーキットトレーニングには、すべてのサボリ筋を一連の流れで鍛えることのほか、運動能力を総合的に高めるという意味もあります。

さまざまなシーンで、パフォーマンスアップが可能になる！

手首・指周りの
サボリ筋❶
**橈側手根屈筋
トレーニング**
➡88ページ

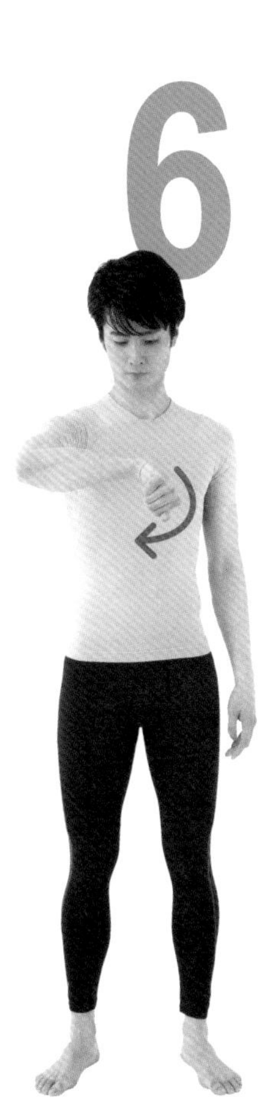

手首・指周りの
サボリ筋❷
**尺側手根屈筋
トレーニング**
➡94ページ

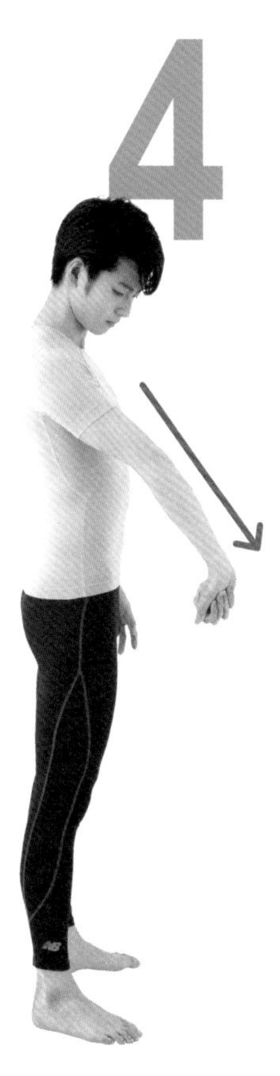

肩周りの
サボリ筋❷
**上腕三頭筋
トレーニング**
➡78ページ

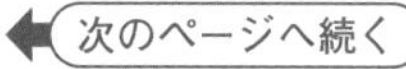
次のページへ続く

すべてのサボリ筋を“流れ”で鍛える サーキットトレーニング 下半身編

腰・股関節周りの
サボリ筋❷
多裂筋・腹横筋
トレーニング
➡30ページ

ひざ周りのサボリ筋❷
内転筋トレーニング
➡62ページ

腰・股関節周りの
サボリ筋❶
腸腰筋
トレーニング
➡24ページ

上半身の“眠った力”を覚醒させたら、続けて下半身のサーキットトレーニングへ。
①から⑫まですべてを行っても、かかる時間は約10分。
試合前・練習前に実践して、“限界の壁”を越えよう！

11
足首周りのサボリ筋❶
後脛骨筋トレーニング
➡40ページ

12
足首周りのサボリ筋❷
腓骨筋トレーニング
➡46ページ

10
ひざ周りのサボリ筋❶
内側ハムストリングストレーニング
➡56ページ

おわりに

最後まで読んでいただき、本当にありがとうございました。
ここまで読み進めていただいたあなたなら、「サボリ筋トレーニング」の必要性を理解し、これまで思いどおりにいかなかったパフォーマンスを自力で変えられるというワクワク感を持っていただいているでしょう。

より楽しく、より満足のいくパフォーマンスと結果に自らを導くカギを、あなたはすでに手にしています。

あとは実践し、できるだけ継続するのみです。それが、あなたにとっての「運動・スポーツの世界を一変させる」ことにつながっています。

前作に引き続き、この本は多くの人たちに支えられて世に出すことができました。
インストラクター養成講座の参加者の皆様、インストラクター養成講座を受講されてから全国のスポーツ選手たちをサポートし、実例紹介などにもご協力いただいた皆様、今回も出版のきっかけをいただいたKADOKAWAの河村伸治さんと関係者の皆様、編集を手伝ってくださった泊 久代さん、原稿の構成を手伝ってくださった松尾佳昌さんには、感謝の思いでいっぱいです。

運動・スポーツにかかわる理論やトレーニング法は、日々進化し続けています。サボリ筋トレーニングにおいても、ターゲットにしているサボリ筋は同じでも、より効率的・効果的なトレーニング法を皆さんにお伝えすべく、私は今も研究と実践を繰り返しています。そして実は、本書でそのすべてを公開させていただきました。

ですから本書は、あなたがこれまで抱いてきた悩みや不安、疑問などの解消に大いに役立ち、いっそう気分よく運動・スポーツに取り組む日々を作り出せると確信しています。

ぜひ、本書を存分に活用してください。

より多くの人たちが運動能力向上・パフォーマンスアップを実現して、ともに喜べる日を、心から願っています。

2023年8月

笹川大瑛

［プロフィール］

笹川大瑛（ささかわ ひろひで）

理学療法士。一般社団法人 日本身体運動科学研究所 代表理事。教育学修士。剣道六段。日本大学文理学部体育学科卒、日本大学大学院（教育学）卒。関節の動き、運動能力の向上やスポーツが上達する方法を科学的に研究する、運動科学の専門家。臨床経験や独自の研究を経て、サボリ筋を鍛える「関節トレーニング」を考案。体の動きが劇的に変わると評判を呼び、関節痛の改善・予防のほか、アスリートの運動能力向上にも貢献している。ボディコンディショニングのセミナーも多数開催。「運動を通じてカラダが動く喜びや感動・可能性を提供する」を理念に、トレーニング指導やコンディショニング、指導者の育成に尽力している。著書に『関トレ 関節トレーニングで強い体をつくる』（朝日新聞出版）『運動能力が10秒で上がるサボリ筋トレーニング』（KADOKAWA）などがある。

運動能力が10秒でもっと上がる ［ビジュアル版］サボリ筋トレーニング

2023年8月3日　初版発行

著　者　笹川大瑛（ささかわひろひで）
発行者　山下直久
発　行　株式会社KADOKAWA
〒102-8177 東京都千代田区富士見2-13-3
電話 0570-002-301（ナビダイヤル）

印刷所　図書印刷株式会社
製本所　図書印刷株式会社

●お問い合わせ
https://www.kadokawa.co.jp/（「お問い合わせ」へお進みください）
※内容によっては、お答えできない場合があります。
※サポートは日本国内のみとさせていただきます。
※Japanese text only
定価はカバーに表示してあります。

ISBN 978-4-04-606276-5　C0075